本成果受到北京语言大学院级项目（中央高校基本科研业务费专项资金）（23YJ090007）和北京语言大学校级项目（中央高校基本科研业务费专项资金）（22YBT03）资助。

开放经济货币政策研究

KAIFANG JINGJI HUOBI ZHENGCE YANJIU

石　峰◎著

知识产权出版社

全国百佳图书出版单位

—北京—

图书在版编目（CIP）数据

开放经济货币政策研究/石峰著. —北京：知识产权出版社，2023.12
ISBN 978-7-5130-8981-4

Ⅰ.①开… Ⅱ.①石… Ⅲ.①开放经济—货币政策—研究 Ⅳ.①F820.1

中国国家版本馆 CIP 数据核字（2023）第 222596 号

内容提要

随着国际商品贸易和资本流动日益频繁，开放经济中的货币政策研究已成为各国央行和学术界关注的重要问题。Obstfeld 和 Rogoff 于 1995 年提出的新开放经济宏观经济学模型，在传统模型中引入了价格黏性等微观基础，成为开放经济货币政策研究的主要框架。本书基于该模型对以下三个问题进行了研究：第一，分析汇率不完全传递和贸易顺差影响央行货币政策的具体经济机制；第二，考察存在劳动力要素投入比重差异时，货币政策合作与全球社会福利的关系；第三，探究耐用消费品贸易对跨国传导机制和货币政策选择的影响。

责任编辑：韩　冰	责任校对：潘凤越
封面设计：邵建文　马倬麟	责任印制：孙婷婷

开放经济货币政策研究

石　峰　著

出版发行：	知识产权出版社 有限责任公司	网　址：	http：//www.ipph.cn
社　址：	北京市海淀区气象路 50 号院	邮　编：	100081
责编电话：	010-82000860 转 8126	责编邮箱：	83930393@qq.com
发行电话：	010-82000860 转 8101/8102	发行传真：	010-82000893/82005070/82000270
印　刷：	北京中献拓方科技发展有限公司	经　销：	新华书店、各大网上书店及相关专业书店
开　本：	720mm×1000mm　1/16	印　张：	11.75
版　次：	2023 年 12 月第 1 版	印　次：	2023 年 12 月第 1 次印刷
字　数：	158 千字	定　价：	89.00 元

ISBN 978-7-5130-8981-4

前　言

《中华人民共和国国民经济和社会发展第十四个五年规划和 2035 年远景目标纲要》强调，坚持实施更大范围、更宽领域、更深层次对外开放，依托我国超大规模市场优势，促进国际合作，实现互利共赢，推动共建"一带一路"行稳致远，推动构建人类命运共同体。推动主要多边金融机构深化治理改革，支持亚洲基础设施投资银行和新开发银行更好发挥作用，提高参与国际金融治理能力。推动国际宏观经济政策沟通协调，搭建国际合作平台，共同维护全球产业链供应链稳定畅通、全球金融市场稳定，合力促进世界经济增长。推动新兴领域经济治理规则制定。

在此背景下，基于现代宏观经济学的前沿理论与框架，研究不同外生冲击在全球主要经济体间的相互影响，并厘清其背后的经济机制。从宏观经济稳定与社会福利的角度出发，评价货币政策等宏观调控政策的福利效应，为央行的货币政策实践提供可行的政策建议，进而提升国家治理能力，具有十分重要的理论与现实意义。

因此，本书基于新开放经济宏观经济学模型，主要在以下三个情形中讨论了央行的货币政策选择：第一，在全球贸易失衡的背景下，在标准开放经济模型中引入贸易顺差和汇率的不完全传递特征，分析外部货币政策冲击和出口需求冲击对国内经济的影响，进而根据社会福利函数提出相应的货币政策建议。第二，在讨论国际货币政策合作时，从发展中国家与发达国家可能存在的异质性出发，关注这些差异对货币政策合作收益的影响。本书在诸多差异中重点分析了劳动力在生产函数中的要素投入比重，对该问题进行了深入探讨，回答了国际货币政策合作是否存在收益这一问题，并解释了实现该收益的经济机制，为国际宏观经济政策的沟通协调提供了可行的政策建议。第三，从国际贸易商品结构出发，根据耐用程度异质性将商品划分为耐用消费品与非耐用消费品，分析这一贸易结构变化对开放经济货币政策的影响。同时，在两国开放经济模型中，讨论耐用消费品贸易下的国际货币政策合作收益及其机制，为开放经济背景下的货币政策合作提供了更符合现实经济的政策建议。

本书从以上三个角度对开放经济中的货币政策选择进行了研究，但全球政治经济形势复杂多变，本书的研究还存在一些不足，后续仍有可进一步研究的问题。例如，本书中的经济模型简化了国际金融市场不完备特征，在未来的研究中，可以尝试在模型中引入国际金融中介，以及国际金融市场摩擦下的跨国资本流动，进而讨论资本流动对国内宏观经济和金融系统稳定性的影响。在全球经济不确定性上升的背景下，不确定性冲击下的经济波动与调控政策选择，也是值得研究的重要问题。

目　录

第1章　绪论 ……………………………………………… 1

1.1　研究背景、问题的提出及研究内容 …………………… 1

1.1.1　研究背景 ……………………………………… 1

1.1.2　问题的提出及研究内容 ……………………… 2

1.2　文献回顾 ………………………………………………… 5

1.2.1　关于货币政策规则估计的文献综述 ………… 6

1.2.2　关于货币政策合作收益的文献综述 ………… 10

1.2.3　关于耐用消费品贸易与货币政策的文献综述 … 12

1.3　本书内容安排 …………………………………………… 14

第2章　汇率不完全传递、货币政策规则与我国经济波动 ……… 15

2.1　引言 ……………………………………………………… 15

2.2　小型开放经济模型 ……………………………………… 17

2.2.1　人民币汇率不完全传递和贸易顺差 ………… 18

2.2.2　经济模型 ……………………………………… 20

2.3　经验分析 ………………………………………………… 23

2.4　估计结果与数值模拟 …………………………………… 27

2.4.1　结构参数的估计 ……………………………… 27

2.4.2　脉冲响应分析 ………………………………… 29

　　2.4.3　方差分解 ·· 32

　2.5　本章小结 ·· 34

第3章　国际货币政策合作收益大小及机制分析
　　　　——基于异质性劳动力市场的视角 ·············· 36

　3.1　引言 ·· 36

　3.2　经济模型 ·· 38

　　3.2.1　家庭 ·· 39

　　3.2.2　厂商 ·· 43

　　3.2.3　政府 ·· 45

　　3.2.4　市场出清条件 ·· 46

　　3.2.5　均衡 ·· 48

　3.3　动态经济系统 ·· 54

　3.4　最优货币政策和社会福利 ·································· 58

　　3.4.1　纳什货币政策下的最优补贴 ···························· 59

　　3.4.2　纳什最优货币政策 ···································· 61

　　3.4.3　合作货币政策下的最优补贴 ···························· 68

　　3.4.4　合作最优货币政策 ···································· 69

　3.5　模型参数和确定性稳态 ···································· 71

　3.6　经济动态与福利分析 ······································ 76

　　3.6.1　脉冲响应分析 ·· 76

　　3.6.2　预测误差方差分解 ···································· 81

　　3.6.3　货币政策的福利分析 ·································· 83

　3.7　本章小结 ·· 89

第4章　耐用消费品贸易与货币政策合作收益 ·············· 92

　4.1　引言 ·· 92

4.2 耐用消费品贸易的基本特征 ……………………………… 94

4.3 两国两部门模型 …………………………………………… 96

    4.3.1 家庭 ………………………………………………… 97

    4.3.2 厂商 ………………………………………………… 105

    4.3.3 政府 ………………………………………………… 107

    4.3.4 灵活价格与灵活工资均衡 ………………………… 108

    4.3.5 黏性价格与黏性工资均衡 ………………………… 113

4.4 参数校准 …………………………………………………… 119

    4.4.1 家庭和厂商的结构参数 …………………………… 119

    4.4.2 价格黏性和工资黏性的结构参数 ………………… 120

    4.4.3 外生冲击的结构参数 ……………………………… 121

    4.4.4 灵活经济均衡时的动态随机性质 ………………… 124

4.5 最优货币政策 ……………………………………………… 129

    4.5.1 社会福利函数 ……………………………………… 130

    4.5.2 最优货币政策的社会福利 ………………………… 132

4.6 本章小结 …………………………………………………… 135

第5章 结论与进一步研究的问题 ……………………………… 137

5.1 主要结论 …………………………………………………… 137

5.2 不足之处与进一步研究的问题 …………………………… 140

参考文献 …………………………………………………………… 143

附录 ………………………………………………………………… 151

附录A 第3章附录 ……………………………………………… 151

    A.1 工资扩散和价格扩散二阶逼近 …………………………… 151

    A.2 灵活价格与灵活工资时产出与技术冲击的关系 ………… 153

A.3 纳什最优货币政策的求解 …………………………… 153

A.4 合作货币政策时的最优补贴 …………………………… 156

A.5 两国合作时的社会福利函数与最优货币政策 ………… 158

A.6 纳什货币政策与合作货币政策均衡的稳态消费水平…… 162

附录B 第4章附录 …………………………… 164

B.1 本国家庭和劳动加总厂商的最优行为 ………………… 164

B.2 外国家庭的最优消费行为 ……………………………… 167

B.3 经济系统的对数线性化 ………………………………… 168

B.4 社会福利函数的二阶逼近 ……………………………… 170

第  章

绪　论

1.1　研究背景、问题的提出及研究内容

1.1.1　研究背景

进入 21 世纪以来,世界各国之间的贸易活动与资本往来日益频繁,主要经济体之间的相互依赖程度不断上升,已形成"你中有我,我中有你"的新局面,实现优势互补,共同发展,打造"人类命运共同体",已成为各国主要领导人和学者的共识。国际货币基金组织、亚太经济合作组织、金砖国家新开发银行和亚洲基础设施投资银行等一系列国际经济组织的设立,以及世界经济论坛、二十国集团财长和央行行长会议等国际经济会议的举办,说明国家之间货币政策规则的选择与相互协调合作,已成为各国央行关注的重点内容。

党的二十大报告强调"中国坚持对外开放的基本国策,坚定奉行互利共赢的开放战略,不断以中国新发展为世界提供新机遇,推动建设开放型世界经济,更好惠及各国人民。中国坚持经济全球化正确方

向，推动贸易和投资自由化便利化，推进双边、区域和多边合作，促进国际宏观经济政策协调，共同营造有利于发展的国际环境"。因此，如何设立组织机构，以及选择对外开放的货币政策，提高国家治理能力，成为国内经济学界研究的重点问题。

在上述国际和国内的背景下，本书基于标准的新开放经济宏观经济学模型（Obstfeld and Rogoff, 1995），研究开放经济中与货币政策选择相关的三个问题：第一，分析汇率不完全传递和贸易顺差影响央行货币政策的具体经济机制；第二，考察存在劳动力要素投入比重差异时，货币政策合作与全球社会福利的关系；第三，探究耐用消费品贸易对跨国传导机制和货币政策选择的影响。

1.1.2 问题的提出及研究内容

在开放经济中，一国的产出水平、就业率和通货膨胀率非常容易受到外部经济因素的影响。所以，央行的货币政策是否需要考虑汇率和出口需求等外部经济因素的影响，成为货币政策研究的热点。Taylor（1993）首先使用利率对产出缺口和通货膨胀的线性反应函数来描述央行的货币政策规则，后来的经济学家将这一形式的货币政策称为泰勒法则。由于泰勒法则最初是在封闭经济中进行讨论的，那么在开放经济中进行分析时，央行的利率选择是否还需要对开放经济中的汇率和贸易顺差等变量做出反应，成为开放经济中货币政策研究的重要问题。Clarida 等（2002）与 Gali 等（2005）分别为两国和小型开放经济中的货币政策研究提供了基准的理论模型。基于这两个经济模型，国内外的经济学家使用贝叶斯估计等计量方法，研究了很多国家的开放经济货币政策规则。Lubik 等（2005，2007）与 Adolfson 等（2007）使用欧盟、美国和加拿大等国家和地区的数据，分别基于两国和小型开放经济模型，实证研究了这些国家和地区的货币政策规则，重点分析了货币政策是否对汇率水平波动做出反应。郑挺国等（2012）基于 Lubik 等（2005）的研究，使用我国的数据估计了我国开放经济下的货币政策规则。梅冬州等（2011）与王君斌等（2014）在开放经济框架中，分别研究了相应的货币政策规则。

但是在分析货币政策规则时，需要注意到我国开放经济的一些重要特征，例如在当前的国际贸易中，我国积累了大量的贸易顺差。在 2021 年，我国货物进出口总额为 39.1 万亿元人民币，相较于 2020 年，增长了 21.3%。其中，出口总额为 21.7 万亿元人民币，相较于 2020 年，增长了 21.2%，货物进出口差额达到 43653.1 亿元人民币。

Engel（2016）认为经常账户失衡是与货币政策选择极为密切相关的，却被当前的研究文献所忽略。与此同时，国内部分学者研究了人民币汇率是否完全传递的问题，例如刘亚等（2008）使用自回归分布滞后模型进行研究后发现，人民币汇率对居民消费价格指数（CPI）通货膨胀率的传递是不完全的，而且存在明显时滞性。黄志刚（2009）与曹伟等（2013）也发现了类似现象。

因此，第 2 章在 Gali 等（2005）的小型开放经济研究中，引入了人民币汇率不完全传递效应和贸易顺差，使用贝叶斯方法估计了我国开放经济下的货币政策规则。在估计的模型结构参数中，重点讨论了产品跨国替代弹性等开放经济下的参数（Adolfson et al.，2007）。随后借助预测误差方差分解和脉冲响应函数等工具，分析不同外生冲击的传导机制及其在经济波动周期中的相对重要程度。

第 3 章在全球化深入发展的背景下，讨论了国家之间货币政策合作的福利收益问题，并尝试从理论角度进行研究和解释。现有理论研究主要集中于分析两国之间是否存在货币政策的合作收益，经济学家之间还没有形成统一的结论。Obstfeld 等（2002）指出，当家庭风险规避系数都等于 1 时，两国之间不存在任何的货币政策合作收益。更进一步地，即使家庭风险规避系数都不等于 1，但是当外生冲击是全球性的，并发生系统性风险时，两国的货币政策合作将不存在任何收益。Clarida 等（2002）认为只要家庭风险规避系数不等于 1，那么进行货币政策合作就会比不合作产生更高的收益。Pappa（2004）分析了欧洲央行与美联储之间的三种货币政策机制：货币政策合作、货币政策不合作和货币联盟，通过参数的校准发现，二者之间进行货币政策合作的收益微乎其微。Liu 等（2008）在两国开放经济中引入贸易结构异质性，发现货币政策合作存在额外的收益。

但是已有研究都忽略了新凯恩斯主义经济学中另外一种极为重要的名义摩擦——工资黏性。Erceg 等（2000）在同时包含价格黏性和工资黏性的模型中发现，央行的最优货币政策也无法实现帕累托最优配置；Chugh（2006）指出即使经济中仅包含工资黏性一种名义摩擦，也足以改变央行最优货币政策的选择。所以第 3 章将工资黏性引入两国开放经济模型中。与此同时，国家之间除了存在贸易结构差异，通常还存在很多其他异质性。例如，梅冬州等（2012）认为，我国和美国之间存在着不同的资产配置特征，我国持有大量的美元债券，而美国等发达国家则持有我国大量的外商直接投资等权益资产。第 3 章基于佩恩世界表（Penn World Table）的数据，将劳动力要素投入比重差异作为发达国家与发展中国家的主要区别。

第 3 章的创新之处是在两国开放经济模型中，同时引入了工资黏性和国家之间的劳动力要素投入比重差异，探究了上述两种经济特征对国家之间货币政策合作收益水平的具体影响。

在新凯恩斯主义经济学中，家庭的最终消费品是由很多差异化产品加总而成的，但是多数经济模型并未深入讨论这些消费品之间的差异对货币政策选择和经济波动的影响。Erceg 等（2006）将家庭总消费品区分为耐用消费品和非耐用消费品，并在两部门的动态随机一般均衡（DSGE）模型中研究了央行的最优货币政策选择。在 2008 年金融海啸爆发以后，很多经济学家对国际贸易产品结构进行研究后发现，耐用消费品贸易量的急剧萎缩是导致国际贸易衰退的主要原因。
Levchenko 等（2010）研究发现，在美国次贷危机期间，汽车及配件
的贸易量下降了 47%，工业用品的贸易量下降了 34%，但非耐用消费
品和农产品的贸易量仅分别减少了 12% 和 19%。Engel 等（2011）基
于 25 个经济合作与发展组织（OECD）成员国的进出口数据研究发现，
耐用消费品贸易占到了这些国家总进出口贸易的 70% 以上。我国海关
的进出口数据显示，在 2010 年以后，耐用消费品贸易已占到进出口总
量的 60%。因此，基于进出口贸易的现状，研究耐用消费品贸易对货
币政策的影响非常有必要。

基于新开放经济宏观经济学模型，已有文献对耐用消费品贸易的
研究多数集中在耐用消费品贸易对经济周期及波动的影响。例如，
Boileau（1999）与 Erceg 等（2008）研究了中间产品贸易对净出口额
和经常账户波动的影响。Engel 等（2011）分析了耐用消费品贸易对欧
洲和美国经济波动性和周期性的影响，并认为耐用消费品贸易是新开
放宏观经济学中不可或缺的组成部分。但是，耐用消费品贸易对货币
政策的影响的研究却局限于封闭经济（Erceg and Levin，2006）。第 4
章基于上述研究文献，将耐用消费品贸易推广到新开放经济宏观经济
学模型中，研究了其对两国货币政策合作收益的影响，弥补了这一研
究领域的空白。

1.2 文献回顾

本书的研究主题是开放经济中的货币政策问题，主要关注以下几
个方面的文献：第一，在引入汇率不完全传递效应和贸易顺差后，央
行的货币政策规则是否会考虑人民币汇率波动；第二，在两国开放经
济模型中，引入了工资黏性和劳动力要素投入比重差异，分析了上述

因素对两国货币政策合作收益的影响；第三，将耐用消费品贸易推广到两国开放经济模型中，探究其是否会影响两国货币政策合作的收益。本节将就这些研究主题分别进行文献综述。

1.2.1　关于货币政策规则估计的文献综述

在小型开放经济中，汇率波动会通过进口商品价格影响国内的通货膨胀率和产出水平，因此央行在制定货币政策规则时，是否应考虑汇率波动等开放经济变量，成为新开放经济宏观经济学研究的重点内容。已有研究文献就该问题进行了大量的讨论，但依然没有形成统一的共识。例如，McCallum 等（1999）、Taylor（2001）和 Kollmann（2002）发现，当货币政策对汇率波动进行直接反应时，货币政策无法改进社会的资源配置，提高福利水平。

Lubik 等（2005）在两国经济模型中，使用欧盟与美国的数据，估计了欧洲央行与美联储的开放经济货币政策规则，发现欧洲央行与美联储都未考虑汇率水平的波动，并分析了不同外生冲击对经济波动的影响。基于 Christiano 等（2005）的模型设定，Adolfson 等（2007）在小型开放经济中，引入了工资黏性、可变资本利用率、厂商的资本调整成本和消费习惯等名义摩擦，以及汇率的不完全传导机制，估计了欧盟的货币政策规则，通过拟合现实经济波动发现在所有的名义摩擦中，本国商品和进口部门商品的价格黏性与资本调整成本极为重要。而且所有的外生冲击中，技术冲击和边际成本加成冲击是驱动国内经济波动的主要因素。

Adolfson（2007）在含有汇率不完全传导机制的小型开放经济中，讨论了不同货币政策规则的福利效应，将货币政策规则划分为以下三种：货币政策并未考虑汇率波动；货币政策对汇率波动做出间接反应；央行的货币政策考虑了汇率波动，并直接对汇率波动做出调整。使用先验的社会福利函数发现：首先，无论央行是对名义汇率还是实际汇率做出反应，只要是利率对汇率波动做出直接反应，都无法有效地稳定经济，改进社会的福利水平。与此相反，如果央行的货币政策对汇率做出间接调整，例如用 CPI 通货膨胀代替工业生产者出厂价格指数（PPI）通货膨胀，能够降低汇率波动，改进社会福利。

Adolfson 等（2008）将 Christiano 等（2005）的封闭经济模型推广到小型开放经济中，并对无抛补利率平价理论进行了修改，使得名义汇率和该国的风险溢价（Risk Premium）负相关，发现央行的货币政策规则是 CPI 通货膨胀率对目标通货膨胀率的偏移、产出缺口、实际汇率以及上一期利率水平的线性函数。

与此同时，国内很多的经济学家基于我国经济的特征事实，讨论了开放经济中的货币政策规则。郑挺国等（2012）首先讨论了小型开放经济货币政策规则的确定性问题，然后在 1992—2011 年经济数据的基础上，使用贝叶斯方法估计了我国的货币政策函数，并得到以下结论：我国的货币政策规则对人民币汇率的波动进行调整，但是反应系数不是很大，货币政策冲击虽然在短期内可以影响主要的宏观经济变量，但是在长期内，它只能影响通货膨胀率和汇率波动等名义变量，对产出和就业等实际变量的影响并不显著。

梅冬州等（2011）虽然主要研究了在小型开放经济中金融加速器效应对新兴市场国家最优汇率选择的影响，但是出于封闭模型的需要，他们依然指定了开放经济中的泰勒法则，将短期利率表示为产出、价格水平和汇率波动的函数，并通过调整不同经济变量的反应系数，实现不同的政策安排。当利率对本国 PPI 通货膨胀的反应系数为无穷大，且其他变量的反应系数取 0 时，表明央行钉住国内通货膨胀；当利率对 CPI 通货膨胀的反应系数为无穷大，且其他反应系数取 0 时，表明货币政策紧盯 CPI 通货膨胀。由于 CPI 通货膨胀受汇率波动的影响，因此央行在货币政策选择时，也考虑了汇率波动的影响。马勇等

（2014）在研究我国经济开放程度与货币政策有效性之间的关系时，根据大部分现有文献的做法，认为央行根据上期利率、当期的 CPI 通货膨胀和产出缺口，选择短期利率。

王君斌等（2014）首先使用识别的结构向量自回归模型，估计了我国货币政策冲击对经常账户、人民币汇率和通货膨胀率的动态效应，并基于这一经济现实，构建了一个包含加工贸易的小型开放经济模型，提出了三种汇率政策规则：固定汇率制、有管理的浮动汇率制和浮动汇率制。其中，当国内利率不仅钉住世界名义利率，而且钉住汇率对其目标水平的偏离时，称为固定汇率制（Benigno G and Benigno P，2008）；当央行控制名义汇率对目标名义汇率的偏离程度时，称为有管理的浮动汇率制；当央行不对汇率变动做出明显反应，并执行类似于封闭经济的货币政策时，称为浮动汇率制。经过比较发现，固定汇率制和有管理的浮动汇率制能够较好地模拟上述三个经验事实。因此，他们认为我国开放经济的货币政策规则考虑了人民币汇率的波动。

从上述研究文献可以看出，无论是规范研究（Taylor，2001；Kollmann，2002；Adolfson，2007；梅冬州、龚六堂，2011），还是实证研究（Lubik and Schorfheide，2005，2007；Adolfson et al.，2007，2008；郑挺国、郭辉铭，2012），开放经济中一国货币政策是否对汇率波动进行调整，还存在着较大的争论。例如，国外多数学者倾向于货币政策不考虑汇率的波动，而多数国内学者在对我国经济进行实证研究时发现央行的货币政策考虑了人民币汇率的波动（梅冬州、龚六堂，2011；郑挺国、郭辉铭，2012；王君斌、郭新强，2014）。

开放经济中的货币政策规则之所以重要，原因在于对 DSGE 模型进行贝叶斯估计时，不同的规则设定将会极大地影响模型结构参数的最终估计值。与封闭经济相比，开放经济中有些参数较为重要，如家庭风险规避系数和产品跨国替代弹性（Adolfson et al.，2007）。风险规避系数的重要性源自于它影响了汇率波动对两国家庭相对消费的决定作用，风险规避系数越大，当本国的实际汇率升值时，同样一篮子消费品的外币价格上升，将显著增加本国家庭的最终消费，降低外国家庭的最终消费；而产品跨国替代弹性之所以重要，是因为它会成倍地放大两国产品相对价格波动。在开放经济的研究中，对这些参数的选取依然存在着较大的争议。表 1.1 列出了国内外经典文献的参数取值。

表 1.1 开放经济模型关键参数的选择

文 献	家庭风险规避系数	产品跨国替代弹性
Pappa（2004）	2	1.5
Adolfson 等（2007）	1	5
黄志刚（2011）	1	2
梅冬州、龚六堂（2011）	2	1
金中夏、洪浩（2015）	2.9	1

关于开放经济 DSGE 模型参数校准的文献非常多，本书仅在表 1.1 中列出了有代表性的五篇。在这五篇文献中，Pappa（2004）与梅冬州、龚六堂（2011）采用校准的方法选择对模型参数进行了赋值；Adolfson 等（2007）与金中夏、洪浩（2015）则基于观测数据，使用贝叶斯方法对参数进行估计；黄志刚（2011）则使用广义矩估计的方法，估计了模型的结构参数。在理论模型中，经济学家为了说明内在的传导机制，往往会简化模型参数的选取，如 Clarida 等（2002）、Gali 等（2005）与 Pappa（2004）等。而在实证研究的文献中，为了使参数的估计值更加接近实际值，提高模型的拟合程度和预测能力，又经常基于宏观经济样本数据进行估计。张卫平（2012）讨论了产品跨国替代弹性大于1、等于1和小于1三种不同的情形。如果产品跨国替代弹性大于1，那么当本国产品发生变化时，将会使本国家庭的实际收入相对于外国家庭的实际收入有所增加，而且只要产品跨国替代弹性不为1，两国技术冲击造成的产量变动，将会改变家庭的实际收入之比，从而永久性

地影响两国金融财富的分布。为了避免这种情况，通常假定产品跨国替代弹性等于 1，以及两国初期的净国外资产均为 0，这样也关闭了经常项目对宏观经济的影响。

1.2.2 关于货币政策合作收益的文献综述

对国家间货币政策合作问题的研究可以追溯到 Friedman 于 1953 年发表的文章。Friedman（1953）认为生产率冲击或需求冲击要求国家间相对价格有所调整，考虑到国内价格具有黏性，只有实行灵活汇率制才能实现帕累托最优配置，而且这一结论在 Mundell-Fleming 模型中也成立。此后，Oudiz 等（1984）、Canzoneri 等（1985）把博弈论引入新凯恩斯主义经济学模型用于分析货币政策合作问题，发现合作收益很少。但这些先验的模型缺乏经济微观基础，因此不适于进行货币政策的社会福利分析。Obstfeld 等（1995，2000，2002）把新凯恩斯主义经济学模型和家庭的跨期优化行为进行了有效的结合，奠定了新开放经济宏观经济学模型的基础，从而引发开放经济货币政策研究的热潮。Obstfeld 等（2002）首先在新开放经济宏观经济学模型中讨论了货币政策合作问题。他们发现当面临全球性冲击或相对风险厌恶系数取 1 时，两国货币部门之间并不存在货币政策合作收益；当面临个体冲击且相对风险厌恶系数不为 1 时，货币政策合作存在收益，但收益很小，可忽略不计。

Devereux 等（2003）、Corsetti 等（2005）、Shi 等（2007）发现汇率传导弹性为 1 或 0 时，均不存在货币政策合作收益。Devereux 等（2007）与 Wang 等（2013）发现当汇率传导弹性存在差异，即一国为 1，另一国为 0 时，也不存在货币政策合作收益。Corsetti 等（2005）指出当汇率传导弹性介于 0 和 1 之间时，存在货币政策合作收益，但并未讨论收益大小。

当汇率完全传导时，Clarida 等（2002）、Pappa（2004）等发现货币政策合作收益取决于以下两个结构参数——家庭跨期替代弹性与差异化商品之间的替代弹性。具体而言，Clarida 等（2002）指出当本国商品和外国商品间替代弹性和家庭跨期替代弹性均为 1 时，并不存在货币政策的合作收益。但是，当本国商品和外国商品间替代弹性为 1，但本国家庭跨期替代弹性不为 1 时，两国之间存在货币政策合作收益。在 Pappa（2004）的研究中，当本国商品和外国商品间替代弹性，以及家庭跨期替代弹性取值都在合理区间时，货币政策合作带来的收益最大能够达到家庭稳态消费水平的 0.51%。Benigno 等（2008）发现当本国和外国商品间替代弹性不为 1 且该替代弹性不等于家庭跨期替代弹性时，存在货币政策合作收益。

此外，货币政策合作能否带来收益还与经济中的其他一些因素有关。Canzoneri 等（2005）发现合作收益取决于各国部门之间生产技术冲击的相关性。Liu 等（2008）发现贸易结构的巨大差异，将导致合作时的货币政策产生额外的收益。两国央行通过操纵贸易条件，使其有利于贸易品部门比重较大的国家。通过模型的数值分析，他们发现货币政策合作收益最高时可达稳态消费水平的 0.62%。Rabitsch（2012）发现货币政策合作收益取决于金融市场结构。当两国能实现完全风险分担，且本国商品和外国商品间替代弹性大于 1 时，合作带来的收益最大；当两国不能实现风险分担时，合作带来的收益几乎为 0。

Engel（2016）先从 2009—2010 年美元相对于新兴市场国家货币的竞争性贬值开始，讨论了竞争性贬值可能造成的后果，主要包括资本会从美国流入新兴市场国家，一方面推动了新兴市场国家的本币升值，抑制了产品的出口需求，另一方面增加了新兴市场国家的流动性，降低了资金的使用成本，促进了投资。还讨论了美联储与新兴市场国家是否有必要进行货币政策合作，以消除上述溢出效应；并指出了未来央行货币政策合作领域研究的重要问题。

1.2.3　关于耐用消费品贸易与货币政策的文献综述

与耐用消费品相关的现有研究文献主要集中在两个方面：第一，在封闭经济中，耐用消费品与最优货币政策的关系；第二，在开放经济中，耐用消费品贸易对国际贸易波动和国际经济周期的影响。因此，本小节将主要对上述两个方面的研究文献进行综述。

Erceg 等（2006）在包含非耐用消费品部门和耐用消费品部门的封闭经济中，研究了央行的最优货币政策选择问题。他们首先发现耐用消费品与非耐用消费品最大的不同在于，耐用消费品的需求对利率极为敏感，在经济受到外生的货币政策冲击时，耐用消费品的波动率是实际 GDP 等其他经济变量的 3 倍左右。由于经济体中存在两个部门，经济受到外生冲击后，两个部门都会产生各自的产出缺口和通货膨胀率，但是央行却只能选择短期名义利率一种货币政策工具，无论采用何种货币政策规则，央行都无法同时熨平两部门的经济波动。由于耐用消费品部门的波动较大，因此央行的最优货币政策会倾向于稳定耐用消费品部门的产出。

但 Petrella 等（2019）却提出了不同的观点，他们同样在包含非耐用消费品和耐用消费品的两部门封闭经济模型中，讨论了货币政策的福利效应，但不同的是，他们引入了两部门的中间产品贸易。非耐用消费品可以作为要素用于生产耐用消费品，同样耐用消费品也可以作为投入要素用于生产非耐用消费品。两部门之间的投入产出联系，在有效解释非耐用消费品和耐用消费品协动（Co-movement）问题的同时，也让央行对最优货币政策产生了新的权衡。由于耐用消费品同时也是非耐用消费品的投入要素，如果央行还是稳定耐用消费品部门的波动，将会间接增加非耐用消费品部门的边际成本，抑制非耐用消费品部门的产出，降低社会的福利水平。

经济学家对耐用消费品贸易的研究可以追溯到 Warner 于 1994 年发表的文章。Warner（1994）认为资本品贸易和中间投入品贸易是世界贸易的重要组成部分，而且其重要性远高于非耐用消费品贸易。美国自 1967 年以来的进出口数据表明，资本品出口额是国民生产总值（GNP）的 2.24%，是总出口额的 35%，而且还是对外贸易波动的主要源泉。

Boileau（1999）在国际经济周期的模型中引入了资本品贸易，发现机器设备贸易在七国集团成员国的总贸易中占到了一半以上，并且能够很好地解释 1971—1990 年的贸易波动。通过数据模拟得到以下结论：耐用消费品贸易对净出口额波动的解释程度为 0.55～0.98，对贸易条件（Terms of Trade）波动的解释程度为 1.23～3.24，改变了 Backus 等（1992）的模型对净出口额和贸易条件波动低估的情形。

Erceg 等（2008）认为美国对外贸易最为显著的特征是，资本品贸易和耐用消费品贸易占有很大的比重，但是已有的关于开放经济的文献却忽视了这一经济现实，多数研究从贸易总量进行分析，未考虑产品贸易结构的差异性。他们建立了一个 DSGE 模型，发现国内外的投资需求冲击是导致美国经常账户调整的重要原因。

Levchenko 等（2010）观察到了在 2008—2009 年金融海啸期间，全球贸易量急剧下降的现实，并从贸易产品结构的角度分析了背后的原因。以美国为例，美国的 GDP 在金融海啸期间相比最高点下降了 3.8%，但是实际进出口额却分别下降了 21.4% 和 18.9%。其中，汽车和资本品的降幅最为严重。Engel 等（2011）基于上述研究，建立了一个包含耐用消费品贸易的经济周期模型，解释了贸易波动（Trade Volitality）和进出口正向协动（Positive Co-movement）的现象，并在含有价格黏性的新凯恩斯主义经济学模型中引入耐用消费品贸易，发现了新的溢出效应（Spillover Effects），耐用消费品贸易的巨大波动将引起对货币政策进行新的权衡。从上述耐用消费品相关的文献综述中可以看出，将耐用消费品在封闭经济中对货币政策影响的研究推广到开放经济中，具有重要的现实意义。

1.3　本书内容安排

本书第 1 章为绪论。第 2 章在包含人民币汇率不完全传递效应和贸易顺差的小型开放经济中，使用贝叶斯方法估计了我国开放经济的模型参数。第 3 章分析了劳动力要素投入比重和工资黏性对国际货币政策合作收益的影响。在第 4 章中，基于耐用消费品贸易不仅在国际贸易结构中占有很大的权重，而且是导致国际贸易发生波动的重要因素的现状，将耐用消费品贸易引入两国两部门开放经济模型中，探究了其对两国货币政策合作收益水平的影响。第 5 章对全书的内容进行了总结，并提出了在新开放经济宏观经济学中需要进一步研究的问题。

第  章

汇率不完全传递、货币政策规则
与我国经济波动

2.1 引言

在封闭经济中，央行的货币政策可以用标准的泰勒法则来刻画，将短期名义利率表示为CPI通货膨胀和产出缺口的线性函数（Taylor，1993）。能否将这一结论推广到开放经济中，成为新开放经济宏观经济学研究的重要内容。

在开放经济中，央行的货币政策选择面临以下挑战：首先，央行的货币政策是否需要对汇率波动和贸易条件等开放经济变量做出反应；其次，贸易顺差和汇率不完全传递等因素是否会改变传统的泰勒法则。针对这些问题，已有文献进行了广泛的研究。Clarida 等（2002）与 Gali 等（2005）分别为两国与小型开放经济的货币政策研究提供了很好的理论模型。多位学者在此基础上，实证分析了很多国家的开放货币政策规则。

我国持续多年的贸易顺差不仅增加了人民币的升值压力，而且影响了央行的货币政策。但是在新开放经济宏观经济学模型中，对这一

问题的研究并不多见。例如，王君斌等（2014）虽然在小型开放经济中讨论了经常账户，但是他们主要研究的是我国货币政策冲击对经常账户的影响，却忽略了经常账户对我国货币政策规则的影响。本章将贸易顺差纳入经济学模型中，并将其观测值作为重要的样本数据进行估计。

图 2.1 描述了经 HP 滤波去趋势（Detrend）后的我国净出口额占比波动和 GDP 的相对波动，可以看出净出口额占比波动远高于 GDP 的相对波动（Hodrick and Prescott，1997）。李浩等（2008）采用了我国改革开放后的年度数据，也发现贸易顺差的波动大于 GDP 的波动等经济事实。在 Gali 等（2005）的小型开放经济模型中，贸易条件和净出口额以及实际产出都有关。所以，如果仅使用 GDP 作为观测值，将会低估贸易条件在经济周期中的作用。

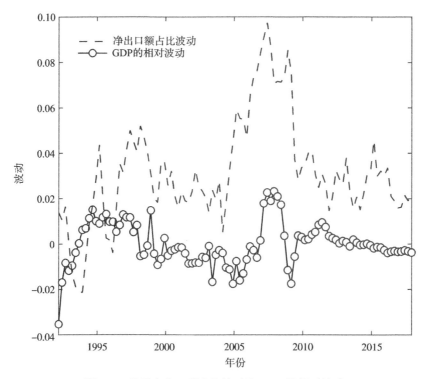

图 2.1　我国净出口额占比波动和 GDP 的相对波动

数据来源：中国宏观经济数据库（Chang et al.，2016）。

　　汇率不完全传递是人民币汇率的重要特征。汇率传递效应是指名义汇率波动对一国进出口产品价格和国内物价水平的影响程度，当本币贬值 1‰时，进口价格上涨的百分比，称为汇率对进口价格的传递率（施建淮、傅雄广，2010）。Monacelli（2005）在新开放经济宏观经济学模型的研究中发现，当汇率对价格的影响不是完全传递时，央行的最优货币政策是稳定汇率波动，而不是汇率完全传递下的钉住生产者价格（Gali and Monacelli，2005）。Adolfson 等（2007）在包含汇率不完全传递的小型开放经济中，研究了欧盟经济的波动特征，发现欧洲央行在选择货币政策时，考虑了欧元实际汇率的波动。

　　国内学者更多的是从实证角度研究人民币的汇率传递效应（刘亚、李伟平、杨宇俊，2008；黄志刚，2009；曹伟、申宇，2013）。大规模的贸易顺差和人民币汇率的不完全传递是我国开放经济的重要特征，会显著改变我国央行的货币政策选择，并最终影响社会福利。本章将这两种特征同时纳入新开放经济宏观经济学模型中进行分析。根据 Gali 等（2005）的研究，将贸易顺差表示为净出口额所占 GDP 的百分比，并通过在小型开放经济体中加入进口商品零售厂商的方式，引入人民币汇率的不完全传递效应（Monacelli，2005）。然后基于宏观经济的季度观测样本数据，使用贝叶斯方法估计基准模型的结构参数，再厘清出口需求和外部货币政策对我国宏观经济的跨国传导机制。在此基础上，深入分析央行的货币政策是否应对人民币名义汇率波动进行反应，分别比较这两种情形下的社会福利，进而为货币政策和汇率波动的关系提出相应的政策建议。

2.2　小型开放经济模型

　　在标准的小型开放经济模型中引入人民币汇率不完全传递效应和

贸易顺差。第2.2.1小节介绍了如何在模型中引入汇率不完全传递效应和贸易顺差，并详细论述了二者的设定方式。第2.2.2小节详细描述了模型中有代表性的家庭和厂商等主要经济活动参与者的最优行为。

在本书中，用大写字母表示经济变量的实际值，用小写字母表示对数线性化以后的值，在经济变量的右上角加"$*$"表示相应的外国经济变量。

2.2.1 人民币汇率不完全传递和贸易顺差

在标准的开放经济模型中，汇率是完全传递的，同时一价定律成立。进口商品的本币价格是经过名义汇率调整后的美元价格，具体表示为 $P_{Ft}=E_tP_{Ft}^*$。其中，P_{Ft} 是进口外国商品的人民币价格；E_t 是直接标价法下的名义汇率，表示一单位美元能够兑换的人民币数量，因此，E_t 上升意味着人民币贬值或美元升值；P_{Ft}^* 是进口商品的外币价格。对其中确定性稳态附近进行对数线性化，可以得到 $p_{Ft}=e_t+p_{Ft}^*$。

本国有一个新的部门——进口商品零售厂商[1]。这些零售厂商以批发价 $E_tP_{Ft}^*$ 买入外国中间厂商的产品，然后在垄断竞争的国内市场以 P_{Ft} 的零售价销售给本国家庭。进口商品厂商的调价行为遵从 Calvo (1983) 的机制，每期仅有部分厂商能够调价，不能调价的厂商只能继续使用上一期的价格，而且每期是否调价是完全独立的。通过进口商品厂商的垄断竞争和价格黏性，在标准的开放经济模型中引入汇率不完全传递效应（Monacelli，2005）。根据实际汇率的定义，在进行对数

---

[1] 本国进口商品零售厂商的数量是区间［0，1］上的连续统，与外国中间产品厂商的数量完全相同。假定，本国进口商品零售厂商 i，只能够进口和销售相对应的外国中间产品厂商 i^* 的产品。只有进口商品的价格存在汇率不完全传递现象，我国的出口商品才是汇率完全传递的。

线性化后得到如下表达式❶:

$$q_t = (e_t + p_{Ft}^* - p_{Ft}) + (p_{Ft} - p_t)$$
$$= \varphi_{Ft} + (1 - \alpha)s_t \tag{2.1}$$

其中，e_t 是直接标价法下的名义汇率，当其取值上升时，本币贬值；p_t 是本国 CPI；q_t 是基于两国 CPI 定义的实际汇率；$s_t = p_{Ft} - p_{Ht}$ 是本国的贸易条件，表示进口商品与本国商品的相对价格。当贸易条件上升时，在国内市场上本国商品相对于外国商品更加便宜。此时，两国家庭都将购买本国商品，用于替代对外国商品的需求，因此，本国商品需求上升。α 是进口商品在本国家庭总消费中的支出比重，与本国经济开放程度正相关。

$$\varphi_{Ft} = e_t + p_{Ft}^* - p_{Ft} \tag{2.2}$$

其中，φ_{Ft} 是定义的一价定律缺口，如果汇率完全传递，$\varphi_{Ft} = 0$。φ_{Ft} 衡量了人民币汇率的传递程度，φ_{Ft} 的绝对值越大，意味着人民币的汇率传递程度越低，名义汇率波动对我国 CPI 通货膨胀的影响越小。结合式（2.1）和式（2.2）发现，与汇率完全传递的经济模型相比，贸易条件对实际汇率的影响程度下降，削弱了贸易条件的支出转换效应（Expenditure Switching Effect）❷。本国进口商品零售厂商部门虽然存在价格黏性，但是仍有部分厂商可以重新选择价格，最大化贴现利润之和。对价格一阶条件进行对数线性化以后，得到进口商品零售厂商的新凯恩斯菲利普斯曲线为

$$\pi_{Ft} = \beta \varepsilon_t \pi_{Ft+1} + \lambda_F \varphi_{Ft} \tag{2.3}$$

其中，$\beta \in (0, 1)$，表示代表性家庭的主观贴现因子；$\pi_{Ft} = p_{Ft} - p_{Ft-1}$，

---

❶ 在小型开放经济中，由于每个国家对整个世界经济的影响都非常小，可以近似认为 $p_{Ft} = p_t^*$，且 $\pi_{Ft}^* = \pi_t^*$（Gali and Monacelli，2005）。

❷ 贸易条件是进口商品本币价格和本国商品价格的比值，当人民币汇率不完全传递时，进口商品本币价格调整相对缓慢，在降低贸易条件波动的同时，也抑制了本国家庭对两国商品的需求波动。

是进口商品本币价格的通货膨胀；λ_F 是与基准模型结构参数相关的函数。当一价定律缺口上升时，本国进口商品零售厂商的边际成本随之增加，调价厂商将上调价格，提高进口商品的通货膨胀水平❶。用净出口额在 GDP 中的比重表示本国的经常账户（Gali and Monacelli，2005），对其进行对数线性化后得到：

$$nx_t = \left(1 - \frac{1-\alpha+\alpha\sigma}{\omega_s}\right)(y_t - y_t^*) + \frac{1}{\sigma}\left(\frac{1-\alpha+\alpha\sigma}{\omega_s} - 1\right)\varphi_{Ft}$$

$$= \frac{1}{\sigma}\left[(\omega_s + 1 - \gamma)s_t + (\omega_\varphi - 1)\varphi_{Ft}\right] \tag{2.4}$$

其中，γ 是世界其他国家差异化产品的替代弹性；σ 是家庭风险规避系数；α 表示进口商品在本国家庭总消费中的支出比重；y_t 是本国产出水平；y_t^* 是世界产出水平；ω_s 和 ω_φ 是模型结构参数的函数，描述了经常账户与本国相对产出和一价定律缺口之间的关系。在引入人民币汇率不完全传递后，贸易顺差同时受到贸易条件 s_t 和一价定律缺口 φ_{Ft} 的影响。因此，如果给定贸易顺差的观测值，贸易条件对贸易顺差的影响程度将会下降。

2.2.2　经济模型

为了与传统的新凯恩斯主义经济学模型保持一致，将模型均衡表示为描述总需求的动态 IS 曲线、刻画经济总供给的菲利普斯曲线、用

---

❶　在含有价格黏性的新凯恩斯主义经济学中，调价厂商选择价格的具体机制是：当价格完全灵活时，所有厂商都会选择相同的价格，这个价格水平与边际成本之间会有一个常数边际成本加成，用 μ 表示，它完全依赖于差异化产品的替代弹性 ε，$\mu = \varepsilon/(\varepsilon-1)$。当存在价格黏性时，调价厂商会先将自己的产品价格调整到边际成本加成为 μ 的水平，但是由于部分厂商无法调整价格，导致当期的社会整体的边际成本加成 μ_t 不等于 μ，因此调价厂商会进一步调整价格，直到 $\mu_t = \mu$ 为止。虽然此时社会价格是社会边际成本的常数倍加成，但是会出现一部分产品价格较高而另一部分产品价格较低的现象，这一现象被称为价格扩散（Price Dispersion）。价格扩散程度越高，社会资源配置的效率越低。

于宏观经济调控的货币政策规则，以及一些描述开放经济变量之间关系的方程。

$$\hat{y}_t = E_t\,\hat{y}_{t+1} - \frac{\omega_s}{\sigma}E_t(i_t - \pi_{Ht+1} - rr_t) +$$

$$\frac{\gamma(1-\gamma)(\sigma\eta-1)}{\sigma}E_t\Delta\varphi_{Ft+1} \tag{2.5}$$

式（2.5）是经济系统的动态 IS 曲线。在引入汇率不完全传递效应以后，本国产出缺口不仅与实际利率预期有关，而且还会受到一价定律缺口的影响。σ 是本国家庭风险规避系数，η 是本国和外国差异化产品的替代弹性。一价定律缺口对本国产出缺口的影响取决于 $\sigma\eta$ 是否大于 1。当 $\sigma\eta>1$ 时，一价定律缺口和预期本国产出缺口的波动负相关。

$$rr_t = \frac{\sigma(1+\phi)}{\sigma+\phi\omega_s}\Delta a_{t+1} + \frac{\sigma\phi(\omega_s-1)}{\sigma+\phi\omega_s}\Delta y_{t+1}^* \tag{2.6}$$

其中，rr_t 是实际利率的自然率水平；ϕ 是代表性家庭劳动供给弹性倒数。值得注意的是，rr_t 不但与本国技术变化有关，而且与世界产出波动相关，这也是开放经济模型与封闭经济模型的主要区别之一。

$$\pi_{Ht} = \beta E_t\pi_{Ht+1} + \frac{(1-\theta_H)(1-\beta\theta_H)}{\theta_H} \cdot$$

$$\left[\frac{\sigma+\phi\omega_s}{\omega_s}\hat{y}_t + \left(1-\frac{\omega_\varphi}{\omega_s}\right)\varphi_{Ft}\right] \tag{2.7}$$

式（2.7）是本国中间产品厂商的菲利普斯曲线。当汇率不完全传递时，本国产出缺口不再是决定 PPI 通货膨胀的唯一因素，一价定律缺口也会影响产出缺口。Clarida 等（2002）在两国开放经济模型中，纳入了外生的成本冲击，得到了与式（2.7）形式相同的菲利普斯曲线，所以汇率不完全传递将外生的成本推升冲击（Cost-Push Shocks）内生化。

$$y_t^n = \frac{(1+\phi)\omega_s}{\sigma+\phi\omega_s}a_t + \frac{\sigma(1-\omega_s)}{\sigma+\phi\omega_s}y_t^* \tag{2.8}$$

由式（2.8）可知，在开放经济中本国自然率水平不仅与本国的技术水平相关，而且受到了外国产出的影响。根据本国消费者价格指数的定义，得到了 CPI 通货膨胀与 PPI 通货膨胀和贸易条件之间的关系。

$$\pi_t = \pi_{Ht} + \alpha\Delta s_t \tag{2.9}$$

其中，贸易条件 s_t 对本国 CPI 通货膨胀的影响与经济开放程度正相关，经济开放程度越高，其对本国 CPI 通货膨胀的影响越大。因此，将产出缺口表示为本国产出水平与自然率水平之差，即

$$\hat{y}_t = y_t - y_t^n \tag{2.10}$$

本国产出水平与世界产出水平存在以下关系：

$$y_t = y_t^* + \frac{1}{\sigma}(\omega_s s_t + \omega_\varphi \varphi_{Ft}) \tag{2.11}$$

根据贸易条件的定义，有以下等式：

$$\begin{aligned}\Delta s_t &= \pi_{Ft} - \pi_{Ht}\\ &= \beta\pi_{Ft+1} + (\lambda_F + \omega_F)\varphi_{Ft} - \pi_{Ht}\end{aligned} \tag{2.12}$$

式（2.12）中使用了本国进口商品厂商的菲利普斯曲线，由式（2.12）可知，贸易条件的波动与一价定律缺口正相关。根据现有研究，使用泰勒法则表示央行的开放经济货币政策规则，并基于货币政策是否考虑了名义汇率波动，给出了两种不同形式的货币政策规则：

$$i_t = (1-\rho_r)i_{t-1} + \rho_r(\psi_1\hat{y}_t + \psi_2\pi_t + \psi_3\Delta e_t) \tag{2.13a}$$

$$i_t = (1-\rho_r)i_{t-1} + \rho_r(\psi_1\hat{y}_t + \psi_2\pi_t) \tag{2.13b}$$

在式（2.13a）表示的货币政策规则中，短期利率对汇率波动的货币政策反应系数是 ψ_3。当 $\psi_3=0$ 时，央行并未考虑汇率波动的影响，由此得到式（2.13b）表示的货币政策规则。将由以上两种货币政策规则构建的经济模型分别称为模型1和模型2，并根据贝叶斯估计的对数边际密度，确定哪种货币政策更能够拟合我国经济的特征现实。

本国技术冲击 a_t、世界产出冲击 y_t^* 和世界通货膨胀冲击 π_t^* 分别

服从外生给定的一阶自回归过程，即

$$a_t = \rho_a a_{t-1} + \varepsilon_t^a \qquad (2.14)$$

$$y_t^* = \rho_{ys} y_{t-1}^* + \varepsilon_t^y \qquad (2.15)$$

$$\pi_t^* = \rho_{\pi s} \pi_{t-1}^* + \varepsilon_t^\pi \qquad (2.16)$$

经济系统中共包含 12 个经济变量，即 $\{\hat{y}_t, \pi_{Ht}, rr_t, \varphi_{Ft}, \pi_{Ft}, nx_t, y_t^n, \Delta e_t, \pi_t, s_t, q_t, y_t\}_{t=0}^{\infty}$，其中，$\Delta e_t = e_t - e_{t-1}$，表示名义汇率波动；1 个货币政策变量，即本国的短期利率 $\{i_t\}_{t=0}^{\infty}$；以及 3 个外生变量，即 $\{a_t, \pi_t^*, y_t^*\}_{t=0}^{\infty}$。因此，用式（2.1）~式（2.16），共 16 个均衡条件描述了基准小型开放经济的线性动力系统。

2.3　经验分析

对基准模型参数进行赋值的方法主要有校准和估计两种。其中，校准方法来自 Kydland 等（1982）的研究，把模型中经济变量的各阶矩（主要是期望和标准差）表示为结构参数的函数，然后从观测序列计算经济变量的样本矩。估计方法则通过广义矩估计等方法最小化模型矩和样本矩的差，实现对参数的估计和赋值。这种方法又有两种实现方式。第一种实现方式是基于个别均衡条件估计和脉冲响应函数逼近，Ravn 等（2006）基于代表性家庭的欧拉方程和厂商的定价行为，使用广义矩估计方法估计了美国消费者的深层消费习惯程度。Christiano 等（2005）将模型的脉冲响应函数表示为参数的非线性函数，应用向量自回归方法得到了样本数据的脉冲响应函数，再采用广义矩估计对二者进行逼近，分析货币政策冲击的传导机制，但上述方法未使用经济系统的全部均衡条件，因此有可能存在忽略参数跨方程约束的问题。第二种实现方式是计算并最大化模型似然函数。这种方法通常有以下步骤：先将模型均衡条件对数线性化；再使用 Sims（2002）等的方法求解，将基准经济模型的均衡系统表示为一阶退化的 VAR 方程；然后引入经济变量的样本序列作为观测方程，以及前面的向量自回归方程，表示为状态空间形式，应用 Kalman 滤波得到模型的似然函数；最后通过最大化似然函数选择参数。由于最大似然估计无法避免参数识别不足的问题，多数研究文献在估计之前，依据现有的研究成果或微观数据，指定经济系统中待估参数的先验分布，并给不同的参数赋予相应的权重（Smets and Wouters，2007）。然后使用贝叶斯方法估计模型的参数，根据边际似然密度或贝叶斯因子来比较不同模型对现实的拟合程度。本章选择了两种不同的货币政策规则，分析哪种政策规则更适合实际情况。

宏观经济样本数据是从 1996 年第一季度到 2015 年第一季度的宏观数据，包括：实际 GDP、CPI 通货膨胀、银行间同业拆借利率和贸易顺差。在估计之前，对数据进行了以下处理。

实际 GDP 的数据来源为经济学人智库（The Economist Intelligence Unit），采用 1995 年的价格水平作为基期价格，得到实际 GDP。通过 EViews 软件的 Tramo/Seats 方法对原始数据进行季节调整，消除了季节因素的影响。最后计算出实际 GDP 的季度（quarter-to-quarter）增长率为 $\ln Y_t - \ln Y_{t-1}$。

在开放经济中，本国存在着两个不同的通货膨胀，即本国商品通货膨胀和 CPI 通货膨胀。本章选择后者作为观测变量。数据同样来源于经济学人智库，其原始数据已进行季节调整，得到年化季度环比通货膨胀率为 $4(\ln CPI_t - \ln CPI_{t-1})$。

选择我国 7 天银行间同业拆借加权平均利率作为名义利率的代理变量。原始数据来源于中经数据，对月度拆借利率进行几何平均，得到季度利率水平。

根据变量在模型中的含义，计算贸易顺差在未经季度调整的名义 GDP 中所占的比重，作为贸易顺差的代理变量。

　　对上述的所有已处理的数据进行去均值处理，将样本数据和模型中的经济变量进行关联，得到状态空间方程组的观测方程。实际 GDP 的观测值是相邻两期的对数差，CPI 通货膨胀率使用年化季度通货膨胀率，名义利率使用季度利率，净出口比重是当期净出口额在 GDP 中的比重，即

$$y_t^{\mathrm{obs}} = y_t - y_{t-1}$$

$$\pi_t^{\mathrm{obs}} = 4\pi_t$$

$$r_t^{\mathrm{obs}} = r_t$$

$$nx_t^{\mathrm{obs}} = nx_t - y_t$$

其中，y_t^{obs}、π_t^{obs} 和 nx_t^{obs} 分别是经过预处理的样本观测数据。在进行贝叶斯估计之前，需要选择模型中结构参数的先验分布。本章参数先验分布的选择大多来自现有文献（Lubik and Schorfheide，2007；Chetty et al.，2011；郑挺国、郭辉铭，2012）。

　　将基准模型中的结构参数分为三类。第一类与央行的货币政策规则有关，主要包括货币政策的平滑因子，以及名义利率对通货膨胀、产出缺口和汇率波动的货币政策反应系数。第二类是用于描述家庭和厂商的经济行为的参数，主要包括家庭跨期替代弹性、价格黏性程度、经济开放程度和劳动供给弹性等。第三类与外生冲击过程有关，具体包括外生冲击过程的自相关系数和标准差。

　　在新凯恩斯主义经济学的文献中，家庭主观贴现因子 β 的取值较为一致，所以，本章取 β 值为 0.99，意味着稳态时的年利率是 4%。由于 η 在开放经济中的重要性，采用校准的方法对其进行赋值，并根据贝叶斯的对数边际密度，选择最终校准值（Adolfson et al.，2007）。

　　通货膨胀、产出缺口和汇率波动的货币政策反应系数的先验分布均服从 Gamma 分布。根据传统的泰勒法则，令通货膨胀的货币政策反应系数的先验期望取 1.5，避免出现不定性均衡；同时为了扩大抽样范围，将标准差选为 0.1。产出缺口的货币政策反应系数的期望和标准差分别是 0.5 和 0.1，汇率波动的货币政策反应系数的期望和标准差分别

是 0.1 和 0.05。

国内文献大多认为我国经济的开放程度为 0.21～0.37，本章选择 0.25 作为初始值，服从均值为 0.25、标准差为 0.01 的 Beta 分布，表明本国家庭的消费更加偏好本国商品（Home Bias）。本国差异化产品的替代弹性取 11，意味着稳态时厂商边际成本加成是 10%。Frisch 劳动供给弹性倒数 ϕ 的先验均值是 1.3，标准差为 0.1。本国中间产品厂商和进口商品零售厂商的价格黏性程度相同，令其先验均值为 0.75，先验标准差为 0.15，表明两部门的厂商平均一年调整一次价格。本国家庭风险规避系数 σ 服从均值为 1、方差为 0.1 的 Gamma 分布。

在国内经济周期的研究文献中，技术冲击自相关系数的取值通常为 0.7～0.9，本章取 0.8 作为初始值；世界产出冲击的自相关系数来自 Gali 等（2005）的研究，取值为 0.86；世界通货膨胀冲击的自相关系数取值为 0.5；这三个自相关系数的标准差为 0.1，先验分布为 Beta 分布；外生冲击标准差的先验均值分别是 0.5、1.5、0.5、0.1，均服从自由度为 4 的逆 Gamma 分布。表 2.1 汇总了参数先验分布的选择情况。

表 2.1 参数先验分布的选择情况

参数	经济学含义	值域	先验分布	参数 1	参数 2
ψ_1	通货膨胀的货币政策反应系数	$(0，+\infty)$	Gamma	1.5	0.1
ψ_2	产出缺口的货币政策反应系数	$(0，+\infty)$	Gamma	0.5	0.1
ψ_3	汇率波动的货币政策反应系数	$(0，+\infty)$	Gamma	0.1	0.05
ρ_r	利率的自相关系数	$[0，1)$	Beta	0.75	0.1
α	进口商品在本国家庭总消费中的支出比重	$[0，1)$	Beta	0.25	0.01
ϕ	Frisch 劳动供给弹性倒数	$(0，+\infty)$	Gamma	1.3	0.1
ε	本国差异化产品的替代弹性	$(0，+\infty)$	Gamma	11	0.5
η	不同国家差异化产品的替代弹性	$(0，+\infty)$	Gamma	5	0.5
θ	不能调价厂商的比重	$[0，1)$	Beta	0.75	0.15
σ	家庭风险规避系数	$(0，+\infty)$	Gamma	1	0.1
ρ_a	技术冲击的自相关系数	$[0，1)$	Beta	0.8	0.1
ρ_{y^*}	世界产出冲击的自相关系数	$[0，1)$	Beta	0.86	0.1

续表

参数	经济学含义	值域	先验分布	参数1	参数2
ρ_{π^*}	世界通货膨胀冲击的自相关系数	$[0, 1)$	Beta	0.5	0.1
σ_a	技术冲击的标准差	$(0, +\infty)$	逆Gamma	0.5	4
σ_{y^*}	世界产出冲击的标准差	$(0, +\infty)$	逆Gamma	1.5	4
σ_{π^*}	世界通货膨胀冲击的标准差	$(0, +\infty)$	逆Gamma	0.5	4
σ_r	货币政策冲击的标准差	$(0, +\infty)$	逆Gamma	0.1	4

2.4 估计结果与数值模拟

首先，根据表2.1中的先验分布，使用贝叶斯方法估计模型的结构参数。其次，采用脉冲响应图分析技术冲击、货币政策冲击、世界产出冲击和世界通货膨胀冲击在小型开放经济中的传导机制。最后，通过方差分解，比较不同外生冲击在经济波动中的重要程度。

2.4.1 结构参数的估计

表2.2列出了参数的后验均值和90％的估计区间。当货币政策考虑汇率波动时，模型的对数边际密度为667.7803，而不考虑汇率波动的对数边际密度为654.8107。这一结果表明，对汇率波动进行调整的货币政策规则更加接近我国的经济现实。

表2.2 参数估计结果

参数	模型1（$\psi_3 \neq 0$）		模型2（$\psi_3 = 0$）	
	后验均值	90％估计区间	后验均值	90％估计区间
ψ_1	1.5216	$[1.3672, 1.6795]$	1.6230	$[1.4781, 1.7852]$
ψ_2	0.2210	$[0.1460, 0.2889]$	0.1731	$[0.1218, 0.2266]$
ψ_3	0.0633	$[0.0310, 0.0990]$	—	
ρ_r	0.1515	$[0.0997, 0.2003]$	0.1653	$[0.1238, 0.2070]$

参数	模型 1 ($\psi_3 \neq 0$)		模型 2 ($\psi_3 = 0$)	
	后验均值	90%估计区间	后验均值	90%估计区间
α	0.2442	[0.2290, 0.2591]	0.2536	[0.2438, 0.2624]
ϕ	1.3416	[1.1978, 1.4978]	1.3364	[1.1998, 1.4757]
η	1.8424	[1.5489, 2.0969]	1.4697	[1.3855, 1.5507]
ε	11.2302	[10.3843, 12.1274]	10.8257	[10.1160, 11.5092]
θ_H	0.9558	[0.9465, 0.9639]	0.9556	[0.9471, 0.9646]
θ_F	0.9808	[0.9732, 0.9888]	0.9841	[0.9761, 0.9916]
σ	0.7086	[0.6047, 0.8185]	0.8276	[0.7520, 0.9033]
ρ_a	0.9570	[0.9398, 0.9737]	0.9562	[0.9447, 0.9672]
ρ_{y^*}	0.9977	[0.9956, 0.9998]	0.9975	[0.9952, 0.9998]
ρ_{π^*}	0.9065	[0.8743, 0.9388]	0.9330	[0.9092, 0.9563]
σ_a	0.0717	[0.0588, 0.0843]	0.0719	[0.0592, 0.0828]
σ_{y^*}	0.3144	[0.2090, 0.4134]	0.3838	[0.2553, 0.5252]
σ_{π^*}	0.2014	[0.1157, 0.2944]	6.5977	[4.0978, 8.7926]
σ_r	0.0190	[0.0154, 0.0224]	0.0180	[0.0149, 0.0212]
对数边际密度	667.7803		654.8107	

央行货币政策规则的主要目标是抑制通货膨胀（$\psi_1 = 1.5216$），同时也考虑产出缺口（$\psi_2 = 0.2210$）和人民币汇率波动（$\psi_3 = 0.0633$）。我国名义利率水平的一阶自相关系数是 0.1515，利率的平滑效应并不显著。我国经济的开放程度是 0.2442，意味着稳态时进口商品在本国家庭总消费中的支出比重是 25％左右。本国中间产品厂商和进口商品零售厂商都表现出较强的价格黏性。

通过对 η 进行校准发现，当货币政策考虑汇率波动时，η 的最优取值是 1.8424，而当货币政策不考虑汇率波动时，η 的最优取值为 1.4697。本国和外国产品替代弹性是开放经济中非常重要的参数，经济学界对这一参数的取值存在争论。微观数据的实证分析表明，替代弹性的取值为 5～20（Obstfeld and Rogoff，2000），但宏观经济学模型的估计值通常较低，如 $1.5\sim2$（Collard and Dellas，2002）。Lubik 等（2005）在包含汇率不完全传递效应的两国模型中，使用贝叶斯方法得到的参数估计值仅为 0.3。侯克强等（2009）在汇率不完全传递的小型开放经济中，发现 η 的估计值仅为 0.15。本章的贝叶斯估计结果表明汇率不完全传递效应也会降低 η 的后验估计。这是因为当汇率不完全传递时，贸易顺差不仅受到贸易条件的影响，而且还受到一价定律缺口的影响。所以，贸易条件对产品进出口的边际影响程度有所下降，这一特征导致了 η 的取值偏小。

值得注意的是，货币政策冲击的标准差 σ_r 的值为 0.0190，与其他外生冲击标准差的估计值相比较小，说明考虑汇率波动的货币政策能够很好地描述央行货币政策的实践（侯克强、陈万华，2009）。与此相反，世界产出冲击的标准差和世界通货膨胀冲击的标准差分别为 0.3144 和 0.2014，远高于国内的技术冲击的标准差和货币政策冲击的标准差，所以外部冲击因素是导致我国经济波动的主要因素。

2.4.2 脉冲响应分析

为了更深入地分析本国经济对各种外生冲击的反应特征，本小节计算模型的脉冲响应函数。图 2.2 所示为本国技术水平上升对国内主要宏观经济变量的动态影响。当本国技术水平上升 1 个单位的标准差时，本国的自然率水平和实际产出水平同时增加❶。但是由于存在价格黏性，部分厂商无法迅速调整价格，导致实际产出低于其自然率水平，本国的产出缺口为负。当外国产出不变且本国产出增加时，根据产品的市场出清条件，贸易条件和一价定律缺口将同时上升，而且一价定

❶ 经济变量的增加（上升）是与其确定性稳态相较而言的。图 2.2 所示的脉冲响应图表示经济变量对其稳态对数偏离的百分比，当经济变量的脉冲响应函数在 0 轴之上时，意味着该经济变量的增加（上升）。

律缺口的上升幅度会大于贸易条件的上升幅度。在技术水平上升后的第一期，一价定律缺口对其稳态值的对数偏离超过了 0.04%，而贸易条件基本保持在 0 轴附近。虽然一价定律缺口上升幅度较大，但是本国进口商品厂商的黏性程度较强，每期只有 1% 左右的厂商可以调整价格。因此，进口商品的价格变化很小，这也在一定程度上降低了进口商品的价格通货膨胀水平。

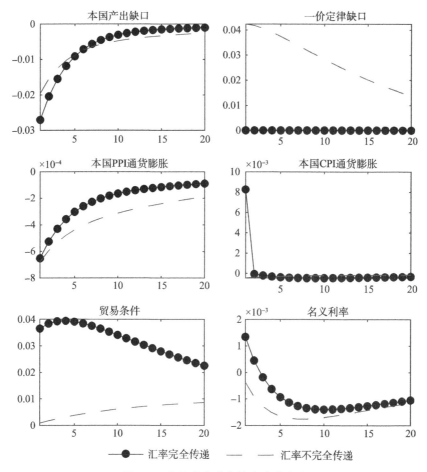

图 2.2　本国外生冲击的脉冲响应图

注：图中横坐标表示季度，纵坐标表示相应经济变量对其稳态对数偏离的百分比。

虽然对本国中间产品厂商而言，一价定律缺口的提高类似于成本推升冲击，增加了中间产品厂商的实际边际成本和上调价格的动机，但是技术水平的提升却降低了厂商的边际成本。当经济系统达到均衡时，对比发现技术水平对本国商品价格的影响力更强，因此本国商品的价格通货膨胀下降。根据本国CPI通货膨胀的定义，下降的本国商品的价格通货膨胀与几乎为零的进口商品的通货膨胀，最终导致了本国CPI通货膨胀的降低。央行也随之下调利率，并在冲击后的第三期达到了最低值−0.025。因此，当本国技术水平上升时，央行会采取较为宽松的货币政策。

在图2.2中，对比汇率完全传递与汇率不完全传递的情形发现，产出缺口、本国PPI通货膨胀和名义利率的波动较为相似。但是，其他几个经济变量的波动存在较大差别。首先是一价定律缺口，当汇率完全传递时，不存在一价定律缺口，而且此时的名义利率贬值，迅速传递到外国商品的本币价格，因此本国的进口商品通货膨胀率立即上升，并最终导致本国的CPI通货膨胀率上升了0.12%。本国进口商品价格迅速上升导致贸易条件和实际汇率的上升，本币贬值。本币贬值增加了本国产出的总需求。与此同时，本国进口商品价格的上升抑制了本国家庭对外国产品的需求，本国出现贸易顺差。因此，当汇率完全传递时，基准模型退化到一般的经济情形，即本币贬值将刺激本国的出口，改善经常账户。

表2.3对比了汇率不完全传递与汇率完全传递情形下主要经济变量的波动率。当汇率不完全传递时，名义利率低于汇率完全传递时的情形。由于进口商品零售厂商部门存在价格黏性，因此名义汇率波动对本国进口商品通货膨胀的影响有所下降，本国CPI通货膨胀的波动率仅为0.66%，远低于汇率完全传递情形时的4.77%，实际产出和贸易顺差的波动性也随之下降。虽然名义利率的波动率有所上升，但由于货币政策反应系数较低（$\psi_3 = 0.0633$），名义利率的波动率也明显下降。因此，汇

率不完全传递效应对经济周期性质的影响较为显著，当给定货币政策规则时，实际汇率的波动率明显上升，这也为解决开放经济宏观经济学模型经常低估实际汇率波动的问题提供了可能。Monacelli（2005）认为在小型开放经济中，央行的最优货币政策是稳定名义利率和实际汇率。

表 2.3　经济变量的波动率对比

经济变量	汇率不完全传递	汇率完全传递
产出缺口	0.1659	0.1810
实际产出	0.3562	0.3676
本国 CPI 通货膨胀	0.0066	0.0477
本国 PPI 通货膨胀	0.0061	0.0064
实际汇率	2.4536	2.2896
一价定律缺口	1.0302	0
名义利率	0.0233	0.0241
贸易顺差	1.4252	1.6040
贸易条件	2.6347	3.0293

2.4.3　方差分解

虽然脉冲响应函数很好地描述了外生冲击在经济系统中的传导机制，但无法说明哪个冲击对经济周期性波动的影响最大。为了回答这一问题，需要借助预测误差方差分解工具。

表 2.4 列出了不同外生冲击对主要经济变量动态的影响。为了更好地对比分析汇率不完全传递效应的作用，先讨论汇率完全传递时的经济模型。在汇率完全传递的情形下，最为明显的特征是世界产出冲击能够很好地解释我国几乎所有经济变量的波动（除了本国 CPI 通货膨胀）。由于在小型开放经济中，世界产出等于世界总消费需求，$y_t^* = c_t^*$，因此也可以认为世界需求冲击是导致我国经济波动的主要原因。世界总需求的变动能够通过实际汇率和贸易条件迅速影响本国的生产和消费。与此同时，世界需求冲击对本国 CPI 通货膨胀的解释程度达

到了 82.62%，对名义利率的解释程度为 34.21%。本国技术冲击只能解释本国产出波动的 51.38%，对其他经济变量的解释程度均不足 10%；而本国货币政策冲击的解释力也较为有限。当汇率完全传递时，世界经济波动对本国宏观经济造成了很大的影响，央行的货币政策主要用于消除外部因素对国内经济的影响。

表 2.4　经济变量的方差分解　　　　　　　（单位：%）

经济变量	本国技术冲击	世界需求冲击	世界通货膨胀冲击	本国货币政策冲击
汇率不完全传递（$\theta_F=0.9916$）				
产出缺口	4.74	5.40	35.49	54.37
实际产出	54.05	26.46	7.70	11.79
本国 CPI 通货膨胀	3.87	49.45	40.42	6.26
本国 PPI 通货膨胀	8.36	13.83	66.36	11.44
实际汇率	0.43	99.36	0.10	0.11
一价定律缺口	1.82	95.93	1.50	0.75
名义利率	10.39	2.15	0.23	87.22
贸易顺差	0.10	99.85	0.05	0.01
贸易条件	0.08	99.82	0.09	0.01
汇率完全传递（$\theta_F=0.001$）				
产出缺口	5.43	21.83	27.53	45.21
实际产出	51.38	30.99	6.67	10.96
本国 CPI 通货膨胀	3.62	82.62	3.28	10.47
本国 PPI 通货膨胀	3.73	25.94	59.30	11.63
实际汇率	0.30	99.60	0.04	0.06
一价定律缺口	3.77	81.02	1.59	13.62
名义利率	6.75	34.21	0.40	58.64
贸易顺差	0.30	99.60	0.04	0.06
贸易条件	0.30	99.60	0.04	0.06

在引入汇率不完全传递以后，不同外生冲击在经济波动中的作用发生了明显变化。就本国实际产出而言，世界需求冲击不再是引发波动的最主要因素，仅能解释 26.46% 的波动。本国的技术冲击对产出波

动的解释程度接近 55％，本国货币政策冲击和世界通货膨胀冲击能够分别解释 11.79％和 7.70％的波动。名义利率波动的 87.22％和 10.39％分别由本国货币政策冲击和本国技术冲击引起，所以国内冲击是导致产出和名义利率波动的重要因素。世界需求冲击是实际汇率、一价定律缺口和贸易顺差波动的主要因素，而世界通货膨胀冲击能够很好地解释本国 PPI 通货膨胀。

造成上述现象的根本原因是，汇率不完全传递效应使得外生冲击对贸易条件的影响发生了巨大的变化。当汇率完全传递时，世界需求冲击能够直接影响贸易条件，解释了贸易条件波动的 99.60％，贸易顺差又与贸易条件存在线性关系，所以二者波动率完全相同。但是由于引入了汇率不完全传递效应的非对称性，即进口商品的本币价格存在汇率不完全传递，而本国出口商品的外币价格则是汇率完全传递。世界需求冲击是通过产品市场出清作用于贸易条件和一价定律缺口的，对贸易条件波动率的影响程度从 96.60％上升到 99.82％，对一价定律缺口的影响则上升了 15％左右。而世界通货膨胀冲击对贸易条件的解释程度从 0.04％上升到 0.09％。

2.5 本章小结

本章在小型开放经济中引入了汇率不完全传递效应和贸易顺差，使用贝叶斯方法，估计了二者对我国开放经济货币政策规则和经济波动特征的影响。研究结果表明，央行的货币政策规则考虑了人民币汇率的波动。参数后验估计结果发现，本国与外国差异化产品的替代弹性较小，仅为 1.8424，两国最终消费品存在替代性，这一结论与汇率不完全传递效应的多数文献的研究结果一致。

通过脉冲响应函数分析和预测误差方差分解，数值模拟发现：

（1）外部经济因素，例如世界需求冲击和世界通货膨胀冲击，对我国经济波动的影响较大。其中，世界需求冲击是实际汇率、一价定律缺口和贸易顺差波动的主要来源，而世界通货膨胀冲击能够很好地解释我国PPI通货膨胀。因此，我国货币政策主要用于熨平外部冲击的影响。

（2）汇率不完全传递效应提升了世界需求冲击对贸易条件的影响程度，提高了世界通货膨胀冲击在我国经济周期中的作用。值得注意的是，在开放经济中，实际汇率的波动有了显著上升。因此，汇率不完全传递效应有可能解决当前开放经济理论模型低估汇率波动的缺陷。

（3）我国内部的冲击因素能够很好地解释部分经济变量的波动。本国技术冲击解释了实际产出波动的54.05%，本国货币政策冲击解释了名义利率波动的87.22%。可以看出，技术进步和创新活动对我国经济增长的贡献较为突出。虽然考虑汇率波动的泰勒法则很好地描述了央行的货币政策，但名义利率波动更多是由未预期到的货币政策冲击引起的。

第 3 章

国际货币政策合作收益大小及机制分析
——基于异质性劳动力市场的视角

3.1 引言

促进国家之间货币政策合作是国际货币基金组织及二十国集团的宗旨之一。但国家之间的货币政策合作存在收益吗？如果存在收益，收益有多大？收益的大小受哪些因素影响？当不同国家的劳动力市场存在异质性时，国际货币政策合作的收益将会如何改变？这些问题的答案一直是理论界研究的重点。

本章在 Clarida 等（2002）和 Engel（2011）研究的基础上引入工资黏性来研究发展中国家和发达国家之间货币政策合作问题。发展中国家和发达国家间的经济差别体现在许多方面，本章只关注一个显著事实，即发展中国家在国民收入中劳动收入份额比发达国家低。在 Clarida 等（2002）和 Engel（2011）的研究中，本国和外国的产出均是雇佣劳动的线性函数，这意味着对两国而言，劳动力要素会获得所有的收入。在本章的基准经济模型中，本国与外国的产品生产函数均为柯布-道格拉斯形式，且本国劳动力要素投入份额明显低于外国的劳动产出弹性，表明本国的劳动收入份额低于外国。假定本国为发展中国家（用 H 表示），外国为发达国家（用 F 表示），通常发展中国家劳动力要素的投入比重会低于发达国家。

通过对纳什情形和合作情形下的两国家庭效用函数进行二阶逼近，得到两国央行的货币政策目标函数，在本国央行和外国央行均对其政策进行承诺（Commitment）的情况下，分别给出了两国纳什货币政策和合作货币政策条件下的经济系统均衡（Bodenstein，Guerrieri，and Labriola，2019）。由于无法求出两国货币政策表达式的显式解，本章在参数估计与校准的基础上进行了数值模拟。在含有工资黏性和价格黏性的封闭经济新凯恩斯主义经济学模型中，货币政策部门需要在实际变量（产出和实际工资）与名义变量（价格通货膨胀与工资通货膨胀）之间进行权衡。在封闭经济中，如果央行期望增加实际工资，往往是通过价格通货膨胀的下降和工资通货膨胀的上升来实现的，但是在两国开放经济模型中，实际工资的上升还能够通过控制本国的贸易条件来实现。因此在开放经济中，货币政策部门需要在实际变量（产出和实际工资）与名义变量（本国价格通货膨胀、本国名义工资通货膨胀和贸易条件）之间进行权衡，而对上述权衡影响最大的则是两国央行的货币政策博弈机制。

数值模拟结果表明，货币政策合作收益为稳态消费的 0.36%。根据 Obstfeld 等（2002）的标准，该收益不能被忽略不计。该收益来自两国央行合作选择货币政策时会内部化贸易条件的溢出效应。因此，本章认为当两国的工资黏性程度和劳动力要素投入比重存在差异时，国际货币政策合作有助于改进两国的社会福利。

3.2 经济模型

在开放经济新凯恩斯主义货币政策分析经典文献的基础上，如 Clarida 等（2002）、Gali 等（2005）与 Engel（2011），讨论发展中国家和发达国家的央行是否需要进行国际货币政策合作。发达国家和发展中国家的经济差异体现在许多方面，本章主要强调二者处于不同的发展阶段，资本和劳动在国民收入中获得的收入份额有显著差异。一般而言，发达国家劳动收入份额高，发展中国家劳动收入份额低；资本收入份额正相反❶。而在其他方面，本章则假定发达国家与发展中国家的差异较小。

设定世界由发达国家和发展中国家构成，本国为发展中国家，外国为发达国家。本国和外国分别居住着测度为 1 的连续统家庭，本国代表性家庭为本国内部的产品生产厂商提供劳动，然后获得劳动收入，购买本国和外国商品用于消费并获得效用，最后在国际资本市场上交易 Arrow-Debreu 证券分担消费风险。外国代表性家庭的行为类似。

本国和外国的厂商测度均为 1，本国垄断竞争厂商雇佣劳动力进行生产活动，并为本国及外国家庭提供差异化的中间消费品。在消费品的国际贸易中，出口厂商用本国货币为出口商品定价（Producers' Currency Pricing，PCP)❷。同时假定汇率完全传递，一价定律成立。在标准的封闭经济新凯恩斯主义货币模型中，央行的最优货币政策是保持

---

❶ 由于本章并不关注资本动态积累，因此模型中将不引入资本。如果引入资本但假定每期总资本存量固定，如 Erceg 等（2000），模型的结论将不会改变。

❷ 事实上，出口厂商选择哪种货币为其出口商品定价对最优货币政策是有影响的。与 PCP 相对照，在新开放经济宏观经济学文献中，有许多研究者认为出口厂商用出口目标国的货币为其出口商品定价（Local Currency Pricing，LCP）。也有研究者认为本国和外国出口厂商为其出口商品选择的定价货币是非对称的，即二者都用同一种货币定价；这样的定价反映了商品贸易中大量使用美元的事实。

零通货膨胀，完全稳定价格水平，同时使黏性价格下的产出等于灵活价格下的产出，此时经济中不存在任何的帕累托改进，社会资源配置实现了帕累托最优配置。央行的这两个目标并不冲突，这个性质被称为"天作之合"（Blanchard and Gali，2007）。在不引入成本推升冲击的情况下，这个性质在标准的开放经济新凯恩斯主义货币模型中也成立。为了刻画央行在这两个目标之间面临的权衡，本章在 Clarida 等（2002）和 Engel（2011）研究的基础上引入工资黏性。

价格黏性和工资黏性，是新凯恩斯主义经济学研究中最为重要的两种名义摩擦。Gali（2008）在封闭经济中分别讨论了以下三种情形：经济中仅有价格黏性而没有工资黏性，经济中仅有工资黏性而没有价格黏性，经济中同时存在价格黏性和工资黏性。在给定的泰勒法则形式的货币政策规则下（Taylor，1993），当经济受到外生的货币政策冲击时，三种经济模型表现出了不同的特征。当经济中仅有价格黏性而没有工资黏性时，名义工资通货膨胀和实际工资都出现了较大幅度的下降。当经济中仅有工资黏性而没有价格黏性时，若货币政策紧缩，则价格通货膨胀明显下降，同时实际工资上升。但是上述两种情形都与现有实证研究的结论差异较大（Christiano，Eichenbaum，and Evans，2005）。当经济中同时存在价格黏性和工资黏性时，在利率上升时，较为平滑的实际工资与现有的研究结论较为一致。因此，为了提高模型的适用性，使其结论更加接近经济现实，本章在经济模型中同时引入了价格黏性和工资黏性。下面分别讨论代表性家庭和厂商的决策问题，变量右上角加" * "号，表示与本国经济变量含义相同的外国经济变量。

3.2.1　家庭

本国代表性家庭 $j \in [0,1]$ 的效用函数如下：

$$E_0 \sum_{t=0}^{\infty} \beta^t \left(\frac{C_t(j)^{1-\sigma}}{1-\sigma} - \frac{N_t(j)^{1+\phi}}{1+\phi} \right) \tag{3.1}$$

其中，β 是主观贴现因子；$C_t(j)$ 是家庭 j 在 t 期的消费；$N_t(j) = \int_0^1 N_t(j,i)\mathrm{d}i$ 是家庭 j 在 t 期向本国差异化中间产品厂商提供的总劳动，$N_t(j,i)$ 是本国差异化中间产品厂商 i 雇佣的劳动；ϕ 是 Frisch 劳动供给弹性的倒数。

家庭消费 $C_t(j)$ 是本国最终消费品和外国最终消费品的柯布-道格拉斯加总，即

$$C_t(j) = C_{Ht}(j)^{1-\gamma} C_{Ft}(j)^{\gamma}$$

其中，$C_{Ht}(j)$ 是本国差异化中间产品的常替代弹性加总；$C_{Ft}(j)$ 是外国商品的常替代弹性加总，分别定义如下：

$$C_{Ht}(j) = \left[\int_0^1 C_{Ht}(j,i)^{1-\frac{1}{\epsilon_p}} \mathrm{d}i \right]^{\frac{\epsilon_p}{\epsilon_p-1}}$$

$$C_{Ft}(j) = \left[\int_0^1 C_{Ft}(j,i)^{1-\frac{1}{\epsilon_p}} \mathrm{d}i \right]^{\frac{\epsilon_p}{\epsilon_p-1}}$$

其中，$C_{Ht}(j,i)$ 和 $C_{Ft}(j,i)$ 分别是家庭 j 对本国商品和外国商品的消费需求。通过求解家庭 j 的支出最小化问题，可得到其对本国商品和外国商品的需求：

$$C_{Ht}(j,i) = \left(\frac{P_{Ht}(i)}{P_{Ht}} \right)^{-\epsilon_p} C_{Ht}(j)$$

$$C_{Ft}(j,i) = \left(\frac{P_{Ft}(i)}{P_{Ft}} \right)^{-\epsilon_p} C_{Ft}(j)$$

其中，$P_{Ht} = \left[\int_0^1 P_{Ht}(i)^{1-\epsilon_p} \mathrm{d}i \right]^{1/(1-\epsilon_p)}$ 是本国商品在本国销售的价格指数；$P_{Ft} = \left[\int_0^1 P_{Ft}(i)^{1-\epsilon_p} \mathrm{d}i \right]^{1/(1-\epsilon_p)}$ 是外国商品在本国进行销售，用本国货币表示的价格指数；$P_{Ht}(i)$ 是本国中间产品厂商所生产的产品的价格；$P_{Ft}(i)$ 是外国中间产品厂商所生产的产品的本币价格。$P_t = \kappa^{-1} P_{Ht}^{1-\gamma} P_{Ft}^{\gamma}$ 是本国 CPI，$\kappa \equiv (1-\gamma)^{1-\gamma} \gamma^{\gamma}$，$\gamma$ 是外国最终消费品在本国家庭的消费篮子中所占的比重。

区别于 Clarida 等（2002）和 Engel（2011）的研究，本章假定垄断竞争的家庭在劳动市场上可以决定工资水平。工资黏性遵从 Calvo（1983）机制，本国每期只有 $1-\theta_w$ 比例的家庭可以重新制定工资，不能调整工资的家庭工资水平保持不变，而具体哪些家庭能够重新制定工资是随机决定的，而且家庭每期能否调整工资相互独立。在 t 期可调整工资的家庭 j 的效用函数如下：

$$E_t\left[\sum_{k=0}^{\infty}(\beta\theta_w)^k\left(\frac{C_{t+k|t}^{1-\sigma}}{1-\sigma}-\frac{N_{t+k|t}(j)^{1+\phi}}{1+\phi}\right)\right]$$

其中，$C_{t+k|t}$ 和 $N_{t+k|t}(j)$ 分别是 t 期可调整工资家庭在 $t+k$ 期的消费和劳动供给[1]。其面临的预算约束为

$$P_{t+k}C_{t+k|t}+E_{t+k}(r_{t+k,t+k+1}D_{t+k+1|t})$$
$$\leqslant(1+\tau_w)W_t^0 N_{t+k|t}+D_{t+k|t}+\Gamma_{t+k|t}-T_{t+k|t}$$

其中，$r_{t+k,t+k+1}$ 是一期随机贴现因子；$D_{t+k|t}$ 是 t 期可调整工资家庭在 $t+k$ 期初所持有的证券的当期市值；$E_{t+k}(r_{t+k,t+k+1}D_{t+k+1|t})$ 是 $t+k$ 期购买的下期会产生 $D_{t+k+1|t}$ 随机收益的证券在 $t+k$ 期的市场价格；τ_w 是本国政府部门对垄断竞争家庭进行的工资补贴，用于消除劳动力的配置扭曲；$\Gamma_{t+k|t}$ 是垄断竞争厂商的利润；$T_{t+k|t}$ 是政府征收的总量税收。t 期可调整工资家庭在厂商的劳动需求和预算约束条件下，选择工资和消费最大化效用[2]。最优工资满足的一阶条件为

$$E_t\left\{\sum_{k=0}^{\infty}(\beta\theta_w)^k C_{t+k|t}^{-\sigma}N_{t+k|t}\left[(1+\tau_w)\frac{W_t^0}{P_{t+k}}-\frac{\varepsilon_w}{\varepsilon_w-1}MRS_{t+k|t}\right]\right\}=0 \quad (3.2)$$

其中，$MRS_{t+k|t}=C_{t+k|t}^{\sigma}N_{t+k|t}^{\phi}$，是 t 期可调整工资家庭在 $t+k$ 期的边际替代率。当 $\theta_w=0$ 时，从式（3.2）可得灵活工资下的最优条件为 $(1+\tau_w)\frac{W_t^0}{P_t}=\frac{\varepsilon_w}{\varepsilon_w-1}MRS_t$，因为家庭在垄断竞争的劳动力市场上，能

---

[1] 因为本国家庭可以通过买卖完备的 Arrow-Debreu 证券实现完全消费风险分担，故在 t 期可调工资家庭的效用函数中可以将 $C_{t+k|t}(j)$ 写成 $C_{t+k|t}$。

[2] 劳动需求函数将在厂商部分介绍。

够通过调整工资实现效用的最大化。

即使在灵活工资下，实际工资并不等于消费和劳动之间的边际替代率，在二者之间存在一个楔子（Wedge）。定义社会实际工资水平和平均边际替代率之间的总加成为

$$1 + \mu_t^w = (1 + \tau_w)\frac{W_t}{P_t}\frac{1}{MRS_t}$$

在新凯恩斯主义经济学模型中，由于部分家庭可调整名义工资，使得 μ_t^w 偏离其稳态水平从而引起工资通货膨胀的上升或下降。名义工资指数❶的定义为

$$W_t = \left[\int_0^1 W_t(j)^{1-\varepsilon_w}\,\mathrm{d}j\right]^{\frac{1}{1-\varepsilon_w}}$$

t 期可调整工资家庭会选择相同的名义工资水平，t 期不可调整工资家庭的平均工资水平等于上一期的平均水平❷，根据大数定律，本国名义工资指数的动态方程满足：

$$W_t = \left[\theta_w W_{t-1}^{1-\varepsilon_w} + (1-\theta_w)(W_t^0)^{1-\varepsilon_w}\right]^{\frac{1}{1-\varepsilon_w}}$$

除了选择最优工资，求解家庭支出最小化问题能够得到家庭对本国产品和外国产品的最优需求满足 $P_{Ht}C_{Ht} = (1-\gamma)P_tC_t$，$P_{Ft}C_{Ft} = \gamma P_tC_t$。本国家庭的跨期消费满足的最优条件为

$$r_{t,t+1} = \beta\left(\frac{C_{t+1}}{C_t}\right)^{-\sigma}\frac{P_t}{P_{t+1}}$$

这意味着 t 期购买 Arrow-Debreu 证券所带来的效用损失应等于 $t+1$ 期的效用收益的贴现值。定义 $R_t \equiv 1/E_t(r_{t,t+1})$ 为一期无风险贴现债券总回报率，对跨期消费的最优条件两边取期望，得到欧拉方程为

$$1 = \beta R_t E_t\left(\frac{C_{t+1}^{-\sigma}P_t}{C_t^{-\sigma}P_{t+1}}\right)$$

通过求解外国家庭的最优消费行为，可得外国代表性家庭的欧拉

---

❶ 由厂商的支出最小化问题得出。
❷ 根据大数定律。

方程为

$$1 = \beta R_t E_t \left[\frac{(C^*_{t+1})^{-\sigma} e_t P^*_t}{(C^*_t)^{-\sigma} P^*_{t+1}} \right]$$

其中，e_t 是 t 期的名义汇率❶，由于一价定律成立，有 $P_t = e_t P^*_t$。在本国和外国初始消费相同的条件下，得到风险分担条件❷：$C_t = C^*_t$。由于两国的消费相同且有相同的效用函数，两国可实现完全消费风险分担。

3.2.2　厂商

本国代表性厂商 $i \in [0, 1]$，使用柯布-道格拉斯形式的生产函数，生产差异化的中间产品，其生产函数为 $Y_t(i) = A_t N_t(i)^{1-\alpha}$，其中 A_t 是外生给定的技术水平❸，厂商 i 的劳动投入指数为

$$N_t(i) = \left[\int_0^1 N_t(j,i)^{1-1/\varepsilon_w} di \right]^{\varepsilon_w/(\varepsilon_w-1)}$$

其中，$N_t(j, i)$ 是厂商 i 对家庭 j 的劳动需求；$1-\alpha$ 是劳动收入份额；ε_w 是劳动替代弹性。通过求解厂商的成本最小化问题，可以得到厂商 i 对家庭 j 的最优劳动需求为

$$N_t(j,i) = \left(\frac{W_t(j)}{W_t} \right)^{-\varepsilon_w} N_t(i)$$

其中，$W_t(j)$ 是支付给家庭 j 的工资。垄断竞争厂商的价格黏性遵从 Calvo（1983）机制，每期只有 $1-\theta_p$ 比例的厂商可以重新选择价格水平，其他厂商的价格水平保持不变，而具体哪些厂商可以选择价格水平是随机决定的。t 期能够选择价格水平的厂商的利润最大化目标函数是

---

❶　汇率用直接标价法表示。
❷　关于风险分担的讨论，参见 Devereux 等（2003）。
❸　本国厂商均使用相同的技术。

$$\sum_{k=0}^{\infty} \theta_p^k E_t \{ r_{t,t+k} [(1+\tau_p) P_{Ht}^0 Y_{t+k|t} - P_{Ht+k} MC_{t+k|t} Y_{t+k|t}] \}$$

其中，P_{Ht}^0 是厂商选择的价格水平；$r_{t,t+k}$ 是 $t+k$ 期到 t 期的随机贴现因子，其定义为

$$r_{t,t+k} = \beta^k \left(\frac{C_{t+k}}{C_t} \right)^k \frac{P_t}{P_{t+k}}$$

$Y_{t+k|t}$ 是 t 期可调价厂商在 $t+k$ 期的产品总需求，它由本国家庭消费需求和外国家庭消费需求两部分共同构成，它满足以下条件：

$$Y_{t+k|t} = \left(\frac{P_{Ht}^0}{P_{Ht+k}} \right)^{-\varepsilon_w} C_{Ht+k|t} + \left(\frac{P_{Ht}^{0*}}{P_{Ht+k}^*} \right)^{-\varepsilon_w} C_{Ht+k|t}^*$$

其中，P_{Ht}^{0*} 是本国可调价厂商在外国销售的产品价格，由于一价定律成立，因此 $P_{Ht}^{0*} = e_t P_{Ht}^0$，所以可以将本国中间产品厂商 i 的总需求简化为

$$Y_{t+k|t} = \left(\frac{P_{Ht}^0}{P_{Ht+k}} \right)^{-\varepsilon_w} (C_{Ht+k|t} + C_{Ht+k|t}^*)$$

MC_{t+k} 是 t 期可调价厂商在 $t+k$ 期的实际边际成本，τ_p 是政府对厂商的补助，其定义为

$$MC_{t+k|t} = \frac{W_{t+k|t}}{(1-\alpha) A_{t+k} N_{t+k|t}^{-\alpha} P_{Ht+k}}$$

最优价格 P_{Ht}^0 满足的一阶条件为

$$(1+\tau_p) P_{Ht}^0 = \frac{\varepsilon_p}{\varepsilon_p - 1} \frac{E_t \left(\sum_{k=0}^{\infty} \theta_p^k r_{t,t+k} Y_{t+k|t} P_{Ht+k} MC_{t+k|t} \right)}{E_t \left(\sum_{k=0}^{\infty} \theta_p^k Q_{t,t+k} Y_{t+k|t} \right)} \quad (3.3)$$

这意味着当厂商可以重新调整价格时，其选择的价格为当期及期望名义边际成本加权平均的加成。当 $\theta_p = 0$ 时，回到了厂商价格完全灵活的情形，此时的最优条件为

$$(1+\tau_p) P_{Ht} = \frac{\varepsilon_p}{\varepsilon_p - 1} MC_t$$

因为厂商具有垄断力量，即使在灵活价格下，价格也不等于名义

边际成本，而是为其加成。在黏性价格下，定义

$$1 + \mu_t^p = \frac{(1+\tau_p)P_{Ht}}{MC_t}$$

为本国价格水平对名义边际成本的加成。由于每期都有部分厂商可以重新调整价格，导致 μ_t^p 变化，引起价格通货膨胀。当调整价格的厂商预期社会平均的价格边际成本加成低于自然率水平时，它们会提高自己的产品价格，导致本国 PPI 上升，反之，本国 PPI 下降。由于可调价厂商面临的产品需求约束和边际成本相同，它们会选择相同的价格，不能调价厂商的平均价格水平等于上一期的平均价格水平。根据大数定律以及本国 PPI 的定义：

$$P_{Ht} = \left[\int_0^1 P_{Ht}(i)^{1-\varepsilon_p} \, \mathrm{d}i \right]^{1/(1-\varepsilon_p)}$$

得到本国生产者最终产品价格指数的动态方程为

$$P_{Ht} = \left[\theta_p P_{Ht-1}^{1-\varepsilon_p} + (1-\theta_p)(P_{Ht}^0)^{1-\varepsilon_p} \right]^{1/(1-\varepsilon_p)}$$

对外国厂商的最优行为，可以采用同样的方法进行分析，但应注意在本章中外国是发达国家，其劳动收入份额比本国高，所以有 $\alpha > \alpha^*$。

3.2.3　政府

假定本国政府在每期的各种状态下都实现了最终的财政收支平衡，所以政府的一揽子税收与总补贴相等。总补贴包括政府财政部门对家庭的工资补贴和对厂商的价格补贴。

$$\int_0^1 T_t(h)\mathrm{d}h = \int_t^1 \tau_p P_{Ht}(f) Y_{Ht}(f) \mathrm{d}f + \int_0^1 \tau_w W_t(h) N_t(h) \mathrm{d}h \quad (3.4)$$

外国政府的财政收支情形与本国政府相同。

两国央行将名义利率作为主要的货币政策工具，实现对经济运行的合理调控。在新凯恩斯主义经济学的文献中，央行以及货币政策部门对利率的调整，主要是通过以下机制来实现的：利率的变动，通过

家庭最优消费的欧拉方程影响当期社会总需求,在市场出清的条件下,社会总需求等于社会总产出,进而影响厂商的生产决策。央行货币政策的选择有两种不同的机制,审慎型货币政策和承诺型货币政策。审慎型货币政策是指央行在每期都会对利率进行调整;而承诺型货币政策是指央行在选定货币政策以后,无论发生什么情况,都能够执行既定的货币政策。假定两国央行都有足够的威望,能够执行承诺型货币政策。

3.2.4　市场出清条件

本部分内容分别讨论产品市场、劳动力市场和完备的国际资本市场的出清条件。在产品市场上,由于本国的产品既用于国内消费,也用于国外消费,所以本国总产出就等于两国家庭对该国产品的消费需求之和,外国产品的市场出清条件类似。由于劳动力无法跨国流动,本国家庭的劳动力只能在本国的中间产品厂商进行工作,外国家庭的劳动力只能在外国的中间产品厂商进行工作,因此两国社会的总劳动供给等于两国厂商的总就业。由于两国家庭都在完备的国际资本市场上交易债券,因此本国家庭购买或出售的债券数量恰好等于外国家庭出售或购买的数量。

根据本国产品和外国产品的市场出清条件,得到以下关系式:

$$Y_t = C_{Ht} + C_{Ht}^*$$
$$= \frac{1}{P_{Ht}}\left[(1-\gamma)P_t C_t + (1-\gamma)\varepsilon_t P_t^* C_t^*\right]$$
$$= 2(1-\gamma)\kappa^{-1} S_t^\gamma C_t \tag{3.5}$$
$$Y_t^* = C_{Ft} + C_{Ft}^*$$
$$= \frac{1}{P_{Ft}^*}(\gamma\varepsilon_t^{-1} P_t C_t + \gamma P_t^* C_t^*)$$
$$= 2\gamma\kappa^{-1} S_t^{\gamma-1} C_t^* \tag{3.6}$$

在式（3.5）和式（3.6）中，C_{Ht} 和 C_{Ht}^* 分别是本国家庭和外国家庭对本国最终消费品的需求，C_{Ft} 和 C_{Ft}^* 分别是本国家庭和外国家庭对外国最终消费品的需求，贸易条件 S_t 是两国 PPI 之比。根据式（3.5）、式（3.6）以及两国家庭的风险分担条件，得到贸易条件和两国产出之间的关系为

$$S_t = \frac{\gamma Y_t}{(1-\gamma)Y_t^*}$$

由于两国家庭只能在两国中间产品生产厂商就业，因此得到两国劳动力市场的出清条件分别为

$$
\begin{aligned}
N_t &= \int_0^1 N_t(f)\,\mathrm{d}f \\
&= \int_0^1 \left(\frac{Y_t(f)}{A_t}\right)^{\frac{1}{1-\alpha}}\mathrm{d}f \\
&= \left(\frac{Y_t}{A_t}\right)^{\frac{1}{1-\alpha}}\int_0^1 \left(\frac{P_{Ht}(f)}{P_{Ht}}\right)^{\frac{-\varepsilon_p}{1-\alpha}}\mathrm{d}f
\end{aligned}
\tag{3.7}
$$

$$
\begin{aligned}
N_t^* &= \int_0^1 N_t^*(f)\,\mathrm{d}f \\
&= \int_0^1 \left(\frac{Y_t^*(f)}{A_t^*}\right)^{\frac{1}{1-\alpha^*}}\mathrm{d}f \\
&= \left(\frac{Y_t^*}{A_t^*}\right)^{\frac{1}{1-\alpha^*}}\int_0^1 \left(\frac{P_{Ft}^*(f)}{P_{Ft}^*}\right)^{\frac{-\varepsilon_p^*}{1-\alpha^*}}\mathrm{d}f
\end{aligned}
\tag{3.8}
$$

其中，$N_t(f)$ 和 $N_t^*(f)$ 分别是本国与外国中间产品厂商对该国差异化劳动力的总需求。两国的总就业不仅与两国国内的总产出和全要素生产率相关，而且与两国的价格扩散程度相关，因价格黏性导致的价格扩散越低，就业和产出的关系越紧密。

根据完备的国际资本市场的出清条件，得到以下关系式：

$$\int_0^1 D_{t+1}(h)\,\mathrm{d}h + \int_0^1 D_{t+1}^*(h)\,\mathrm{d}h = 0 \tag{3.9}$$

其中，$D_{t+1}(h)$ 和 $D_{t+1}^*(h)$ 分别是本国和外国家庭在完备的国际资本市场上对 Arrow-Debreu 证券的需求。

3.2.5 均衡

通过汇总本国家庭和厂商的最优条件，得到本国经济系统的均衡条件。虽然并未明确列出外国家庭和厂商的最优条件，但由于两国经济的对称性，外国的经济均衡与本国类似。

两国经济的均衡包括以下资源配置：本国家庭的 C_t、C_{Ht}、C_{Ft}、$N_t(h)$、D_{t+1} 和名义工资 $W_t(h)$，外国家庭的 C_t^*、C_{Ht}^*、C_{Ft}^*、$N_t^*(h)$、D_{t+1}^* 和名义工资 $W_t^*(h)$，其中，$h \in [0, 1]$；本国厂商的 $N_t(f)$、$Y_t(f)$ 和商品价格 $P_{Ht}(f)$，外国厂商的 $N_t^*(f)$、$Y_t^*(f)$ 和商品价格 $P_{Ft}^*(f)$，其中，$f \in [0, 1]$；以及相应的价格水平，$Q_{t,t+1}$、ε_t、P_t、P_{Ht}、P_{Ft}、W_t、P_t^*、P_{Ht}^*、P_{Ft}^*、W_t^*，满足以下条件。

首先，给定产品对应的工资和价格，两国家庭的资源配置能够实现家庭福利水平的最大化；其次，给定工资和其他厂商的产品价格水平，任何本国和外国的中间产品厂商的价格能够实现利润水平的最大化；再次，给定产品价格水平和其他家庭的工资水平，任何本国和外国家庭的工资满足福利水平的最大化条件；最后，本国的劳动力市场和国际资本市场达到出清。

根据福利经济学的帕累托第一定理，当经济系统中不存在价格黏性、工资黏性以及消除产品市场和劳动力市场的垄断竞争以后，社会资源的配置能够实现帕累托最优。因此，将灵活价格与灵活工资时的经济系统作为基准经济系统，用于比较两国不同货币政策机制的福利效果。当经济系统中不存在价格黏性和工资黏性时，经济系统的均衡满足以下条件：

$$1 = \beta E_t \left[\frac{(C_{t+1}^n)^{-\sigma}}{(C_t^n)^{-\sigma}} RS_t^n \right] \tag{3.10}$$

$$(1 + \tau_w) \frac{W_t^n}{P_t^n} = \frac{\varepsilon_w}{\varepsilon_w - 1} MRS_t^n \tag{3.11}$$

$$(1 + \tau_p) = \frac{\varepsilon_p}{\varepsilon_p - 1} MC_t^n \tag{3.12}$$

$$N_t^n = \left(\frac{Y_t^n}{A_t^n} \right)^{\frac{1}{1-\alpha}} \tag{3.13}$$

$$Y_t^n = 2\kappa^{-1}(1-\gamma)(S_t^n)^\gamma C_t^n \tag{3.14}$$

$$C_t^n = C_t^{n*} \tag{3.15}$$

$$1 = \beta E_t \left[\frac{(C_{t+1}^{n*})^{-\sigma}}{(C_t^{n*})^{-\sigma}} RS_t^{n*} \right] \tag{3.16}$$

$$(1 + \tau_w^*) \frac{W_t^{n*}}{P_t^{n*}} = \frac{\varepsilon_w^*}{\varepsilon_w^* - 1} MRS_t^{n*} \tag{3.17}$$

$$(1 + \tau_p^*) = \frac{\varepsilon_p^*}{\varepsilon_p^* - 1} MC_t^{n*} \tag{3.18}$$

$$N_t^{n*} = \left(\frac{Y_t^{n*}}{A_t^{n*}} \right)^{\frac{1}{1-\alpha^*}} \tag{3.19}$$

$$Y_t^{n*} = 2\kappa^{-1}\gamma(S_t^n)^{\gamma-1} C_t^{n*} \tag{3.20}$$

在经济系统均衡中，用上角标 n 表示当经济系统中不存在价格黏性与工资黏性时，相应经济变量的取值水平。其中，RS_t^n 和 RS_t^{n*} 分别为灵活价格与灵活工资时，本国和外国的实际利率。式（3.10）是本国家庭跨期最优消费的欧拉方程。式（3.11）是本国家庭的边际替代率，政府对家庭的工资补贴能够改变家庭的边际替代率以及本国的就业水平。式（3.12）是厂商的实际边际成本，政府的价格补贴也能够影响厂商的实际边际成本和社会总产出。式（3.13）是社会总产出的生产函数，由于不存在价格黏性，所有的厂商都可以调整产品的价格，社会总产出的生产函数与差异化中间产品厂商的生产函数完全相同。式（3.14）描述了本国家庭总消费和社会总产出的关系，可以看出，贸易条件在家庭总消费和社会总产出之间引入了一个楔子，当贸易条件大于 1 时，一单位的外国最终消费品能够交换更多的本国最终消费品，所以本国的总消费水平低于本国的总产出水平，此时本国会存在贸易顺差。式（3.15）是两国家庭的风险分担条件，由于存在完备的资本市场，各期各种状态下，两国家庭的最终消费都完全相同。式（3.16）～式（3.20）描述了外国灵活价格与灵活工资时经济系统的均衡条件，其经济含义与本国经济的解释相同。

黏性价格和黏性工资的均衡满足以下条件：

$$1 = \beta R_t E_t \left(\frac{C_{t+1}^{-\sigma}}{C_t^{\sigma}} \frac{P_t}{P_{t+1}} \right) \tag{3.21}$$

$$E_t \sum_{k=0}^{\infty} \left\{ (\beta \theta_w)^k U'(C_{t+k}) N_{t+k|t} \left[(1+\tau_w) \frac{W_t^0}{P_{t+k}} - \frac{\varepsilon_w}{\varepsilon_w - 1} MRS_{t+k|t} \right] \right\} = 0 \tag{3.22}$$

$$E_t \sum_{k=0}^{\infty} \left\{ (\theta_p)^k r_{t+k|t} Y_{t+k|t} \left[(1+\tau_p) P_{Ht}^0 - \frac{\varepsilon_p}{\varepsilon_p - 1} P_{Ht+k} MC_{t+k|t} \right] \right\} = 0 \tag{3.23}$$

$$N_t = \left(\frac{Y_t}{A_t} \right)^{\frac{1}{1-\alpha}} \left[\int_0^1 \left(\frac{P_{Ht}(f)}{P_{Ht}} \right)^{-\frac{\varepsilon_p}{1-\alpha}} df \right] \tag{3.24}$$

$$P_t = \kappa^{-1} P_{Ht} S_t^{\gamma} \tag{3.25}$$

$$Y_t = 2\kappa^{-1}(1-\gamma) S_t^{\gamma} C_t \tag{3.26}$$

$$C_t = C_t^* \tag{3.27}$$

$$1 = \beta R_t^* E_t \left(\frac{C_{t+1}^{-\sigma*}}{C_t^{\sigma*}} \frac{P_t^*}{P_{t+1}^*} \right) \tag{3.28}$$

$$E_t \sum_{k=0}^{\infty} \left\{ (\beta \theta_w^*)^k U'(C_{t+k}^*) N_{t+k|t}^* \left[(1+\tau_w^*) \frac{W_t^{0*}}{P_{t+k}^*} - \frac{\varepsilon_w^*}{\varepsilon_w^* - 1} MRS_{t+k|t}^* \right] \right\} = 0 \tag{3.29}$$

$$E_t \sum_{k=0}^{\infty} \left\{ (\theta_p^*)^k r_{t+k|t}^* Y_{t+k|t}^* \left[(1+\tau_p^*) P_{Ft}^{0*} - \frac{\varepsilon_p^*}{\varepsilon_p^* - 1} P_{Ft+k}^* MC_{t+k|t}^* \right] \right\} = 0 \tag{3.30}$$

$$N_t^* = \left(\frac{Y_t^*}{A_t^*}\right)^{\frac{1}{1-\alpha^*}} \int_0^1 \left(\frac{P_{Ft}^*(f)}{P_{Ft}^*}\right)^{\frac{-\tau_p^*}{1-\alpha^*}} df \qquad (3.31)$$

$$P_t^* = \kappa^{-1} P_{Ft}^* S_t^{\gamma-1} \qquad (3.32)$$

$$Y_t^* = 2\kappa^{-1}\gamma S_t^{\gamma-1} C_t^* \qquad (3.33)$$

当经济系统中存在价格黏性和工资黏性时，均衡条件与灵活价格和灵活工资时的情形基本相同。但是由于存在工资黏性和价格黏性，名义利率的波动能够影响家庭的消费，这也为央行通过实施货币政策进行宏观调控提供了理论基础。式（3.22）表明家庭的实际工资不再等于社会的边际替代率的加成，而是与调整工资家庭对未来边际替代率和产品需求的预期有关。式（3.23）表明厂商的价格是名义边际成本的加权平均。式（3.24）说明厂商价格的扩散程度会影响最终的社会总产出，给定社会就业水平和全要素生产率，价格扩散程度越高，相应的社会总产出就越低。其他均衡条件与灵活价格和灵活工资时的情形完全相同。式（3.28）～式（3.33）描述了存在价格黏性和工资黏性时外国的经济均衡。

根据以上均衡条件，本国厂商的实际边际成本可表示为

$$MC_t = \frac{1}{2^{1-\sigma}(1-\gamma)(1-\alpha)(1+\tau_w)} A_t^{\frac{1+\phi}{1-\alpha}} Y_t^{\kappa_1} (Y_t^*)^{\kappa_0} V_t^{1+\phi} \qquad (3.34)$$

其中，κ_0 和 κ_1 分别是模型结构参数的函数，它们的定义分别是

$$\kappa_0 \equiv \gamma(\sigma-1)$$

$$\kappa_1 \equiv \frac{\alpha+\phi}{1-\alpha} + \sigma(1-\gamma) + \gamma = \sigma + \frac{\alpha+\phi}{1-\alpha} - \kappa_0$$

正如 Clarida 等（2002）所强调的那样，开放经济中外国对本国货币政策的影响主要依赖于外国经济活动对本国厂商的实际边际成本的作用。κ_0 是外国产出对本国厂商的实际边际成本的影响，κ_1 是本国产出对本国厂商的实际边际成本的影响。

从 κ_0 的表达式可以看出，外国产出会通过两个途径影响本国厂商的实际边际成本：贸易条件效应和财富效应，并且它们对实际边际成

本影响的方向恰好相反。给定本国家庭的消费水平，当外国产出增加时，本国的贸易条件会改善，一单位的本国最终消费品能够交换更多的外国产品，但是由于消费水平不变，家庭的实际工资下降，随后导致本国中间产品厂商的实际工资也下降，这会导致本国厂商的实际边际成本下降，这方面的影响程度由 κ_0 中的 $-\gamma$ 来衡量。给定本国产出，外国产出的增加会导致世界总产出的增加，根据本国最终消费品和外国最终消费品的市场出清条件可知，本国和外国家庭的总消费都会上升，由于在完全风险分担的条件下，两国家庭的消费完全相同，因此本国和外国家庭的消费水平都会上升，消费水平的上升提高了本国家庭的边际替代率，家庭实际工资的上升增加了本国中间产品厂商的实际边际成本，这方面影响的程度由 $\gamma\sigma$ 来衡量。

除了外国产出水平，本国产出也会影响本国中间产品厂商的实际边际成本，具体的作用机制与封闭经济完全相同。给定外国产出，本国产出的增加恶化了本国的贸易条件，为了维持原有的就业水平，本国厂商只能提高实际工资，增加了实际边际成本，但是由于存在风险分担条件，本国家庭消费的上升幅度要低于产出的增加，因此抑制了实际边际成本的上升，本国产出变化对实际边际成本的贸易条件效应由 γ 表示，财富效应由 $\sigma(1-\gamma)$ 表示。

在以上两种渠道之外，本国产出的上升会增加就业以及劳动力所带来的负效应，因此增加厂商的实际边际成本，影响程度用 ϕ 表示。当 $\sigma>1$ 时，财富效应大于贸易条件效应，外国产出的增加会导致本国厂商的实际边际成本上升。同样，本国产出会通过贸易条件效应和财富效应影响本国厂商的实际边际成本，其影响分别由 γ 和 $\sigma(1-\gamma)$ 来衡量。此外，本国产出也会通过影响劳动的负效应及劳动边际产品影响本国厂商的实际边际成本，这由 $\dfrac{\alpha+\phi}{1-\alpha}$ 来衡量。

采用同样的方法，可以得到在开放经济中对外国中间产品厂商的实际边际成本的影响，即

$$MC_t^* = \frac{1}{2^\sigma \gamma \kappa^{1-\sigma}(1+\tau_w^*)(1-\alpha^*)}(A_t^*)^{-\frac{1+\phi}{1-\alpha^*}}(V_t^*)^{1+\phi}(Y_t^*)^{\frac{1+\phi}{1-\alpha^*}+\sigma-1}S_t^{(1-\gamma)(\sigma-1)}$$

$$= \frac{1}{2^\sigma \gamma(1+\tau_w^*)(1-\alpha^*)}(A_t^*)^{-\frac{1+\phi}{1-\alpha^*}}(V_t^*)^{1+\phi}(Y_t^*)^{\frac{1+\phi}{1-\alpha^*}+(\sigma-1)\gamma}Y_t^{(1-\gamma)(\sigma-1)}$$

在开放经济中，本国和外国的产出水平也会影响外国中间产品厂商的实际边际成本。本国的产出水平对外国厂商的实际边际成本的影响是通过贸易条件效应和财富效应来实现的。从上述的推导过程中可知，当给定外国的家庭消费时，本国产出增加将导致外国贸易条件恶化，降低外国中间产品厂商的实际边际成本，这一影响程度用$-(1-\gamma)$来表示。当给定外国的产出水平时，本国产出增加，根据风险分担，本国和外国家庭的消费都会上升，提高外国家庭的边际替代率，导致中间产品厂商的实际边际成本上升，这一影响程度用$\sigma(1-\gamma)$来表示。因此，本国产出对外国厂商的实际边际成本的影响，主要受外国家庭跨期替代弹性σ和外国经济开放程度$1-\gamma$的影响。根据现有的对新凯恩斯主义经济学模型的研究，在开放经济中，令家庭跨期替代弹性$\sigma>1$，所以，本国产出对外国中间产品厂商的实际边际成本影响的贸易条件效应要大于财富效应，本国产出将增加外国厂商的实际边际成本，推动外国PPI上升。

外国的产出对该国中间产品厂商的实际边际成本的影响有三种渠道：贸易条件效应（影响程度用$1-\gamma$表示）、财富效应（影响程度用$\sigma\gamma$表示）和就业效应 [影响程度用$(\alpha^*+\phi)/(1-\alpha^*)$表示]。

因此，在引入劳动力要素投入差异以后，本国和外国的产出水平对该国中间产品厂商的实际边际成本的影响有了非对称性。由于本国总产出的劳动力要素投入较低，因此本国产出对本国中间产品厂商的实际边际成本的影响较小，但在开放经济中，本国产出的上升会导致外国中间产品厂商实际边际成本上升，增加外国的通货膨胀压力。外国产出上升会同时增加该国和本国的通货膨胀压力，并最终影响合作货币政策的合作收益。

3.3 动态经济系统

在新凯恩斯主义经济学框架中，通常将经济系统进行对数线性化，得到描述经济运行的线性动力系统，并分析经历外生冲击时整个经济波动的情况。使用 Uhlig（1999）的方法进行对数线性化，具体过程为：令 $\overline{X}$ 表示 X_t 的确定性稳态水平，x_t 表示 X_t 对 $\overline{X}$ 的对数偏离，计算方法如下：

$$X_t = \overline{X}\exp(x_t)$$

将灵活价格与灵活工资时经济系统的均衡条件——式（3.10）～式（3.20）进行对数线性化，得到：

$$c_t^n = E_t(c_{t+1}^n) - \frac{1}{\sigma} r s_t^n \tag{3.35}$$

$$w_t^n = \sigma c_t^n + \phi n_t^n \tag{3.36}$$

$$w_t^n = a_t - \alpha n_t^n - \gamma s_t^n \tag{3.37}$$

$$y_t^n = a_t^n + (1-\alpha) n_t^n \tag{3.38}$$

$$y_t^n = c_t^n + \gamma s_t^n \tag{3.39}$$

$$c_t^n = c_t^{n*} \tag{3.40}$$

$$a_t = \rho_a a_{t-1} + \varepsilon_t \tag{3.41}$$

$$c_t^{n*} = E_t(c_t^{n*}) - \frac{1}{\sigma} r s_t^{n*} \tag{3.42}$$

$$w_t^{n*} = \sigma c_t^{n*} + \phi n_t^{n*} \tag{3.43}$$

$$w_t^{n*} = a_t^* - \alpha^* n_t^{n*} - (\gamma - 1) s_t^{n*} \tag{3.44}$$

$$y_t^* = a_t^* + (1-\alpha) n_t^* \tag{3.45}$$

$$y_t^{n*} = c_t^{n*} + (\gamma - 1) s_t^n \tag{3.46}$$

$$a_t^* = \rho_a^* a_{t-1}^* + \varepsilon_t^* \tag{3.47}$$

式（3.35）～式（3.47）描述了灵活价格与灵活工资时，本国和外国经济的线性动力系统，系统中包含 7 个本国经济变量 $\{c_t^n, rs_t^n, w_t^n, n_t^n, y_t^n, s_t^n, a_t\}$，以及 6 个外国经济变量 $\{c_t^{n*}, rs_t^{n*}, w_t^{n*}, n_t^{n*}, y_t^{n*}, a_t^*\}$，所以灵活价格与灵活工资时的经济系统由 13 个经济变量构成。由于在灵活价格与灵活工资时有名义经济变量，如价格水平和工资水平，因此并不需要货币政策来封闭整个经济系统。根据 Blanchard 等（1980）的研究，由 13 个经济变量构成的经济系统，需要有 13 个线性方程进行描述，灵活价格与灵活工资时的经济系统满足了这一条件，但是，基准经济模型的均衡系统能否最终满足 Blanchard-Kahn 条件，取决于模型结构参数的赋值情形。

对式（3.21）～式（3.33）用 Uhlig（1999）的方法进行对数线性化，得到以下经济系统方程：

$$c_t = E_t(c_{t+1}) - \frac{1}{\sigma}(i_t - \pi_{t+1}) \tag{3.48}$$

$$\pi_{Ht} = \beta E_t(\pi_{Ht+1}) + \frac{(1-\beta\theta_p)(1-\theta_p)}{\theta_p} \frac{1-\alpha}{1-\alpha+\alpha\varepsilon_p} \cdot$$

$$\left[\left(\frac{\alpha}{1-\alpha}+\gamma\right)\hat{y}_t - \gamma\hat{y}_t^* + \hat{w}_t\right] \tag{3.49}$$

$$\pi_{wt} = \beta E_t(\pi_{wt+1}) + \frac{(1-\beta\theta_w)(1-\theta_w)}{\theta_w(1+\phi\varepsilon_w)} \cdot$$

$$\left\{\left[\frac{\phi}{1-\alpha}+\sigma(1-\gamma)\right]\hat{y}_t + \sigma\gamma\hat{y}_t^* - \hat{w}_t\right\} \tag{3.50}$$

$$y_t = a_t + (1-\alpha)n_t \tag{3.51}$$

$$y_t = c_t + \gamma s_t \tag{3.52}$$

$$\pi_t = \pi_{Ht} + \gamma\Delta s_t \tag{3.53}$$

$$\hat{y}_t = y_t - y_t^n \tag{3.54}$$

$$\hat{w}_t = \pi_{wt} - \pi_t + \hat{w}_{t-1} - w_t^n + w_{t-1}^n \tag{3.55}$$

$$a_t = \rho_a a_{t-1} + \varepsilon_t \tag{3.56}$$

$$c_t = c_t^* \tag{3.57}$$

$$c_t^* = E_t(c_{t+1}^*) - \frac{1}{\sigma}(i_t^* - \pi_{t+1}^*) \tag{3.58}$$

$$\pi_{Ft}^* = \beta E_t(\pi_{Ft+1}^*) + \frac{(1-\beta\theta_p^*)(1-\theta_p^*)}{\theta_p^*} \frac{1-\alpha^*}{1-\alpha^*+\alpha^*\varepsilon_p^*} \cdot$$
$$\left\{ \left[\frac{\alpha^*}{1-\alpha^*} - (\gamma-1)\right]\hat{y}_t^* - (1-\gamma)\hat{y}_t + \hat{w}_t^* \right\} \tag{3.59}$$

$$\pi_{wt}^* = \beta E_t(\pi_{wt+1}^*) + \frac{(1-\beta\theta_w^*)(1-\theta_w^*)}{\theta_w^*(1+\phi\varepsilon_w^*)} \cdot$$
$$\left\{ \left[\sigma\gamma + \frac{\phi}{1-\alpha^*}\right]\hat{y}_t^* + \sigma(1-\gamma)\hat{y}_t - \hat{w}_t^* \right\} \tag{3.60}$$

$$\pi_t^* = \pi_{Ft}^* + (\gamma-1)\Delta s_t \tag{3.61}$$

$$y_t^* = c_t^* + (\gamma-1)s_t \tag{3.62}$$

$$\hat{y}_t^* = y_t^* - y_t^{n*} \tag{3.63}$$

$$\hat{w}_t^* = \pi_{wt}^* - \pi_t^* + \hat{w}_{t-1}^* - w_t^{n*} + w_{t-1}^{n*} \tag{3.64}$$

$$y_t^* = \alpha_t^* + (1-\alpha^*)n_t^* \tag{3.65}$$

$$a_t^* = \rho_a^* a_{t-1}^* + \varepsilon_t^* \tag{3.66}$$

式（3.48）～式（3.66）构成了存在价格黏性和工资黏性的动态经济系统，包含 11 个本国经济变量 $\{c_t, i_t, \pi_t, \pi_{Ht}, \pi_{wt}, y_t, \hat{y}_t, \hat{w}_t, s_t, n_t, a_t\}$，以及 10 个外国经济变量 $\{c_t^*, i_t^*, \pi_t^*, \pi_{Ft}^*, \pi_{wt}^*, y_t^*, \hat{y}_t^*, \hat{w}_t^*, n_t^*, a_t^*\}$，共有 21 个经济变量，但是经济系统只有 19 个线性方程，因此在存在价格黏性和工资黏性的经济系统中，需要两个国家的货币政策来封闭整个经济系统，使得经济系统满足 Blanchard-Kahn 条件。

式（3.49）和式（3.59）描述了两国价格通货膨胀的菲利普斯曲线。与封闭经济不同，两国的价格通货膨胀水平都会受到外国产出缺口的影响。对于本国的价格菲利普斯曲线而言，当 $\gamma=0$ 时，基准模型回到了封闭经济的情形，本国价格通货膨胀水平仅与本国的产出缺口和实际工资缺口相关。如果外国产出缺口升高，即外国的实际产出水平高于其自然率水平，受其影响，在国际贸易中，本国的贸易条件将会改善，一单位的本国商品能够交换更多的外国商品。一方面，降低了本国家庭的边际替代率，降低了实际工资水平上升所面临的压力；另一方面，由于厂商根据边际成本来选择产品的价格，通过以上两个渠道，本国 PPI 将会下降，所以外国产出的上升会降低本国 PPI 通货膨胀水平。

式（3.50）和式（3.60）描述了本国和外国名义工资通货膨胀的菲利普斯曲线。由于基准模型在两国开放经济宏观经济学模型中引入了工资黏性，并分析了这一因素对两国货币政策合作收益的影响。在本国的名义工资通货膨胀的菲利普斯曲线中，当 $\gamma=0$ 时，本国的工资通货膨胀水平仅受本国产出缺口和实际工资缺口的影响，与本国产出缺口正相关，与实际工资缺口负相关。但是在开放经济中，外国产出缺口的波动也会影响本国名义工资的通货膨胀水平。在本国产出保持不变的条件下，根据风险分担条件，外国产出的上升会提升本国家庭的消费水平，提高本国边际替代率水平，进而增加实际工资的自然率水平，由于存在工资黏性，名义工资的调整慢于实际工资的调整。因此，名义工资通货膨胀水平下降，能够通过两国家庭的风险分担条件影响本国的家庭消费和名义工资通货膨胀水平，这是开放经济与封闭经济相比最大的不同之处。外国名义工资通货膨胀的菲利普斯曲线与本国的经济含义类似。

式（3.53）和式（3.61）描述了本国和外国 CPI 通货膨胀 π_t 和 π_t^*、PPI 通货膨胀 π_{Ht} 和 π_{Ft}^*，与本国贸易条件 s_t 之间的关系。可以看出，贸易条件在 CPI 通货膨胀和 PPI 通货膨胀之间引入了一个楔子，二者差距的大小与两国最终消费品在家庭消费所占比重相关。如果外国商品在本国家庭消费所占比重上升，在给定 PPI 通货膨胀水平的条件下，贸易条件对本国 CPI 通货膨胀的影响将会上升；反之，贸易条件波动对本国 CPI 通货膨胀的影响下降。由于外国最终消费品在家庭消费中的比重通常描述了两国的对外开放程度，因此，一国的对外开放程度越高，CPI 通货膨胀越容易受到贸易条件波动的影响。

式（3.52）和式（3.62）描述了两国厂商总产出和家庭总消费之间的关系。当本国的贸易条件改善时，对于本国家庭而言，外国最终消费品的价格下降，本国最终消费品的价格上升，虽然在经济模型中假定了两国最终消费品的替代弹性是 1，但是本国贸易条件改善时，家庭会增加对外国最终消费品的需求，而相应地减少对本国最终消费品的需求。在国际贸易中一价定律成立，因此当本国贸易条件变动时，外国家庭的选择与本国家庭完全一样。所以本国贸易条件的改善，在增加本国家庭最终消费的同时，降低了本国最终产品的世界需求。因此在开放经济宏观经济学中，即使本国均衡产出下降，货币政策部门依然可以通过操纵贸易条件，来改变本国家庭的消费。

式（3.55）和式（3.64）分别是两国产出缺口的定义，即两国实际产出水平和自然率水平之间的差额。式（3.55）和式（3.64）刻画了实际工资缺口、名义工资通货膨胀、PPI 通货膨胀和自然率水平的工资的关系。实际工资缺口与名义工资通货膨胀正相关，与 PPI 通货膨胀负相关，且与自然率水平的工资负相关。

由于需要两国央行的货币政策来封闭整个经济系统，在下一部分中将分别讨论两国货币政策不合作与合作的情形，并根据社会福利函数，讨论货币政策合作能否改进两国福利水平，以及社会福利与劳动力要素投入比重差异的关系。

3.4 最优货币政策和社会福利

根据 Woodford（2003）的研究，对家庭的效用函数进行二阶展开，得到本国和外国的社会福利函数。在纳什货币政策下，两国央行在选择本国货币政策时，将外国的经济变量都看作外生给定的，仅通过选择本国的产出缺口、价格通货膨胀和工资通货膨胀，最大化本国的社会福利水平。由于在本国和外国经济中，存在着垄断竞争和名义黏性两种扭曲，本国政府在制定货币政策之前，首先会选择最优的财政补贴，用于消除垄断竞争造成的资源无效配置。受到两国货币政策的影响，两国的财政补贴也存在纳什货币政策与合作货币政策两种情形，并且与货币政策合作形式相对应。

3.4.1 纳什货币政策下的最优补贴

根据 Clarida 等（2002）的分析方法，假定政府对厂商和家庭进行补贴，用于最大化稳态时的效用水平。在纳什货币政策下，本国政府在外国经济变量给定的条件下，选择最优的财政补贴。假定本国家庭的效用函数为一般形式：

$$U(C_t) - V(N_t) \tag{3.67}$$

根据稳态时经济均衡条件，本国家庭消费和两国产出存在以下关系：

$$C_t = \frac{1}{2} Y_t^{1-\gamma} (Y_t^*)^{\gamma} \tag{3.68}$$

又因为稳态时，本国厂商的生产函数为

$$Y_t = N_t^{1-\alpha} \tag{3.69}$$

在给定外国产出 Y_t^*，且在式（3.68）和式（3.69）的约束条件下，本国政府选择 C_t 和 N_t 最大化家庭的效用水平，令 λ_t 和 η_t 分别是式（3.68）和式（3.69）的拉格朗日乘子，得到本国最优财政补贴满足以下条件：

$$V'(N_t)N_t = U'(C_t)C_t(1-\alpha)(1-\gamma) \tag{3.70}$$

在确定性稳态时，本国差异化中间产品厂商的实际边际成本为

$$MC_t = \frac{W_t}{P_t}\frac{P_t}{P_{Ht}}\frac{1}{(1-\alpha)N_t^{\alpha}}$$

$$= \frac{1}{(1+\tau_w)}\frac{\varepsilon_w}{\varepsilon_w-1}\frac{V'(N_t)N_t}{U'(C_t)C_t}\frac{1}{(1-\alpha)(1-\gamma)}$$

$$= \frac{1}{(1+\tau_w)}\frac{\varepsilon_w}{\varepsilon_w-1} \qquad (3.71)$$

式 (3.71) 的最后一个等号,使用了稳态时本国家庭的最优条件,根据边际成本的定义,能够得到以下关系:

$$MC_t = (1+\tau_p)\frac{\varepsilon_p-1}{\varepsilon_p} \qquad (3.72)$$

将式 (3.71) 和式 (3.72) 联立,得到本国政府最优补贴满足的条件为

$$(1+\tau_w)(1+\tau_p) = \frac{\varepsilon_p}{\varepsilon_p-1}\frac{\varepsilon_w}{\varepsilon_w-1} \qquad (3.73)$$

根据同样的方法,能够得到外国家庭稳态效用最大化的条件为

$$V'(N_t^*)N_t^* = U'(C_t^*)C_t^*(1-\alpha^*)\gamma \qquad (3.74)$$

外国政府最优补贴满足以下条件:

$$(1+\tau_w^*)(1+\tau_p^*) = \frac{\varepsilon_p^*}{\varepsilon_p^*-1}\frac{\varepsilon_w^*}{\varepsilon_w^*-1} \qquad (3.75)$$

从式 (3.72) 和式 (3.74) 中可以看出,劳动力要素投入比重 α 和 α^*,与两国经济的开放程度 γ 和 $1-\gamma$,会影响两国稳态时的最优福利水平。从式 (3.73) 和式 (3.75) 中可以看出,劳动力要素投入比重并不会影响财政部门的最优补贴。两国的最优补贴水平,只与两国产品市场和劳动力市场的垄断竞争程度有关。市场上的垄断程度越高,政府补贴的额度就越大。

政府对家庭和厂商的补贴不仅用于消除产品市场和劳动力市场的垄断竞争扭曲,而且在两种不同的动机之间寻求平衡:通过增加产品的价格通货膨胀水平消除垄断竞争的资源配置扭曲,与通过抑制产出操纵贸易条件的通货紧缩偏好。Corsetti 等(2001)认为在纳什货币政

策下，由于本国在制定货币政策时，并不会考虑外国的经济变量，本国
央行倾向于改善本国的贸易条件，但是 Benigno 等（2003）认为，当经
济系统中存在垄断竞争扭曲时，央行有动机去提升通货膨胀水平，增
加本国的产出。由于经济稳态时的消费和就业与政府的补贴密切相关，
因此将纳什补贴时的确定性稳态称为纳什稳态。接下来对本国家庭的
效用函数进行二阶逼近，得到本国央行纳什货币政策下的社会福利
函数。

3.4.2　纳什最优货币政策

本国社会福利函数的一般形式为

$$U(C_t) - \int_0^1 V(N_t(h)) \mathrm{d}h \tag{3.76}$$

由于存在完备的国际资本市场，因此两国的所有家庭都会实现相
同的消费水平，所以在效用函数中，省略了消费水平中家庭的标识 h。
但是在劳动力市场，家庭提供的是差异化的劳动，而且由于存在价格
黏性，不同的家庭有不同的就业时间，所以在文中保留了劳动的家庭
标识。根据 3.2 节中效用函数的形式可知：

$$U(C_t) = \frac{C_t^{1-\sigma}}{1-\sigma} \tag{3.77}$$

$$V(N_t(h)) = \frac{N_t(h)^{1+\phi}}{1+\phi} \tag{3.78}$$

首先对效用函数中家庭的消费部分，即式（3.77）进行二阶逼近。
在二阶逼近过程中，经常使用以下公式：

$$\frac{X_t - \overline{X}}{\overline{X}} = x_t + \frac{1}{2}x_t^2$$

其中，X_t 是任意的经济变量；$\overline{X}$ 是 X_t 的稳态值；x_t 是 X_t 对其稳态值
的对数偏离。在外国产出给定的情况下，得到以下方程：

$$U(C_t) = U(C) + U'(C)C\left(\frac{C_t - C}{C}\right) + \frac{1}{2}U''(C)C^2\left(\frac{C_t - C}{C}\right)^2$$

$$= U(C) + U'(C)C\left(c_t + \frac{1-\sigma}{2}c_t^2\right) + o(\parallel a \parallel^3) \quad (3.79)$$

式（3.79）中的最后一项 $o(\parallel a \parallel^3)$，表示外生技术冲击的三阶及以上的所有高阶无穷小；最后一个等号成立，是因为 $U'(C)C^2 = -\sigma U'(C)C$。又因为本国家庭的消费函数的对数线性化满足

$$c_t = (1-\gamma)y_t + \gamma y_t^* \quad (3.80)$$

将式（3.80）代入式（3.79），用产出水平替代了家庭的消费，有

$$U(C_t) = U(C) + U'(C)C\left\{\begin{array}{l}[(1-\gamma)y_t + \gamma y_t^*] + o(\parallel a \parallel^3) + \\ \frac{1-\sigma}{2}[(1-\gamma)^2 y_t^2 + \gamma^2 y_t^{2*} + 2\gamma(1-\gamma)y_t y_t^*]\end{array}\right\}$$

$$(3.81)$$

因为外国的产出水平给定，所以在纳什货币政策的情形下，所有与外国经济变量有关的都可以消去，式（3.81）可以简化为

$$U(C_t) = U(C) + U'(C)C \cdot$$

$$\left\{[(1-\gamma)y_t + \gamma y_t^*] + \frac{1-\sigma}{2}[(1-\gamma)^2 y_t^2]\right\} + o(\parallel a \parallel^3)$$

$$(3.82)$$

对单个家庭的劳动供给进行二阶逼近，有

$$V(N_t(h)) = V(N) + V'(N)N\left(\frac{N_t(h) - N}{N}\right) +$$

$$\frac{1}{2}V''(N)N^2\left(\frac{N_t(h) - N}{N}\right)^2$$

$$= V(N) + V'(N)N\left(n_t(h) + \frac{1}{2}n_t(h)^2\right) +$$

$$\frac{1}{2}V''(N)N^2 n_t(h)^2$$

$$= V(N) + V'(N)N\left(n_t(h) + \frac{1+\phi}{2}n_t(h)^2\right) \quad (3.83)$$

单个家庭的劳动供给 $n_t(h)$ 和本国的总劳动供给 n_t 之间存在以下关系：

$$n_t(h) = -\varepsilon_w(w_t(h) - w_t) + n_t \qquad (3.84)$$

所以有

$$\int_0^1 n_t(h)\mathrm{d}h = -\varepsilon_w\int_0^1(w_t(h) - w_t)\mathrm{d}h + n_t \qquad (3.85)$$

对工资指数进行二阶逼近，可得

$$\int_0^1(w_t(h) - w_t)\mathrm{d}h = -\frac{1}{2}(1 - \varepsilon_w)\Delta_t^w$$

根据式（3.84）得到：

$$\int_0^1 n_t^2(h)\mathrm{d}h = \int_0^1\left[-\varepsilon_w(w_t(h) - w_t) + n_t\right]^2\mathrm{d}h$$

$$= \int_0^1\left[\varepsilon_w^2(w_t(h) - w_t)^2 + 2\varepsilon_w(w_t(h) - w_t) + n_t^2\right]\mathrm{d}h$$

$$= \varepsilon_w^2\Delta_t^w + n_t^2 \qquad (3.86)$$

最终得到总劳动的负效用为

$$\int_0^1 V(N_t(h))\mathrm{d}h$$

$$= V(N) + V'(N)N\left[\frac{\varepsilon_w(1 - \varepsilon_w)}{2}\Delta_t^w + n_t + \frac{1 + \phi}{2}(n_t^2 + \varepsilon_w^2\Delta_t^w)\right] + o(\parallel a\parallel^3)$$

$$= V(N) + V'(N)N\left[\frac{\varepsilon_w(1 - \varepsilon_w) + (1 + \phi)\varepsilon_w^2}{2}\Delta_t^w + n_t + \frac{1 + \phi}{2}n_t^2\right] + o(\parallel a\parallel^3)$$

$$= V(N) + V'(N)N\left[n_t + \frac{1 + \phi}{2}n_t^2 + \frac{\varepsilon_w(1 + \phi\varepsilon_w)}{2}\Delta_t^w\right] \qquad (3.87)$$

在有价格黏性和工资黏性的模型中，式（3.7）描述了本国总产出和总就业之间的关系，对其进行二阶展开，得到以下关系式：

$$y_t = a_t + (1 - \alpha)n_t + \ln d_t \qquad (3.88)$$

其中

$$d_t \equiv \int_0^1\left(\frac{P_{Ht}(f)}{P_{Ht}}\right)^{\frac{-\varepsilon_p}{1-\alpha}}\mathrm{d}f$$

描述了差异化中间产品厂商的价格扩散程度，根据 PPI 的定义，在进行二阶对数线性化后得到

$$\int_0^1 (P_{Ht}(f) - P_{Ht}) \mathrm{d}f = \frac{\varepsilon_p - 1}{2} \int_0^1 (P_{Ht}(f) - P_{Ht})^2 \mathrm{d}f \quad (3.89)$$

根据 d_t 的二阶展开可知：

$$\ln d_t = \frac{(1 - \alpha_p + \alpha_p^2)}{2(1-\alpha)^2} \Delta_t^p$$

所以，本国社会福利函数中劳动部分的二阶逼近为

$$\int_0^1 V(N_t(h)) \mathrm{d}h$$

$$= V(N) + V'(N)N\left[n_t + \frac{\varepsilon_w(1-\varepsilon_w)}{2}\Delta_t^w + \frac{(1+\phi)\varepsilon_w^2}{2}\Delta_t^w + \frac{(1+\phi)}{2}n_t^2 \right] +$$

$$o(\parallel a \parallel^3)$$

$$= V(N) + V'(N)N\left[\begin{array}{l} \dfrac{y_t}{1-\alpha} + \dfrac{(1-\alpha)\varepsilon_p + \alpha\varepsilon_p^2}{2(1-\alpha)^2}\Delta_t^p + \\[2mm] \dfrac{\varepsilon_w(1+\phi\varepsilon_w)\Delta_t^w}{2} + \dfrac{(1+\phi)}{2}\left(\dfrac{y_t - a_t}{1-\alpha}\right)^2 \end{array} \right] +$$

$$o(\parallel a \parallel^3) \quad\quad\quad\quad\quad (3.90)$$

令 $W_t = U(C_t) - \int_0^1 V(N_t(h))\mathrm{d}h$ 表示纳什货币政策下的福利水平，$W = U(C) - V(N)$ 表示纳什稳态时的本国福利水平。

本国处于纳什稳态时，家庭的消费和就业满足条件式（3.70），所以将纳什货币政策下的福利损失表示为家庭实际效用对纳什稳态消费偏离的百分比，即

$$\frac{W_t - W}{U'(C)C} = \left[(1-\gamma)y_t + \frac{(1-\sigma)(1-\gamma)^2}{2}y_t^2 \right] -$$

$$\frac{V'(N)N}{U'(C)C}\left[\begin{array}{l} \dfrac{y_t}{1-\alpha} + \dfrac{1-\alpha\varepsilon_p + \alpha\varepsilon_p^2}{2(1-\alpha)^2}\varepsilon_p\Delta_t^p + \dfrac{\varepsilon_w(1+\phi\varepsilon_w)\Delta_t^w}{2} + \\[2mm] \dfrac{(1+\phi)}{2}\left(\dfrac{y_t - a_t}{1-\alpha}\right)^2 \end{array} \right] + tip$$

$$= \frac{(1-\sigma)(1-\gamma)^2}{2}y_t^2 - \frac{(1-\alpha)(1-\gamma)\varepsilon_w(1+\phi\varepsilon_w)\Delta_t^w}{2} -$$

$$\frac{(1-\gamma)(1-\alpha\varepsilon_p+\alpha\varepsilon_p^2)}{2(1-\alpha)}\varepsilon_p\Delta_t^p - \frac{(1-\gamma)(1+\phi)}{2(1-\alpha)}(y_t-a_t)^2 + tip$$

$$(3.91)$$

式（3.91）中的 tip（Terms of Independent Policy）表示与本国货币政策无关的经济变量，第二个等号利用了式（3.70）的关系。根据新凯恩斯主义经济学的传统，将社会福利函数表示为产出缺口、价格通货膨胀和工资通货膨胀的二次函数。根据灵活价格与灵活工资时，本国的自然率水平与全要素生产率冲击之间的关系，将社会福利函数表示为

$$\frac{W_t-W}{U'(C)C} = -\frac{1-\gamma}{2}\left[\begin{array}{l}\left(\dfrac{1+\phi}{1-\alpha}-(1-\sigma)(1-\gamma)\right)\hat{y}_t^2 + \\[2mm] \dfrac{(1-\alpha\varepsilon_p+\alpha\varepsilon_p^2)\varepsilon_p}{(1-\alpha)}\Delta_t^p + (1-\alpha)\varepsilon_w(1+\phi\varepsilon_w)\Delta_t^w\end{array}\right] + tip$$

$$(3.92)$$

式（3.92）很好地描述了本国福利水平与产出缺口、名义价格通货膨胀方差与名义工资通货膨胀方差的关系。但是对于最优的货币政策而言，将其表示为货币政策部门可以选择的经济控制变量，即

$$\sum_{t=0}^{\infty}\beta^t\delta_t^p = \frac{\theta_p}{(1-\theta_p)(1-\beta\theta_p)}\sum_{t=0}^{\infty}\pi_{Ht}^2 \qquad (3.93)$$

根据式（3.93）将本国的社会福利函数写为

$$\frac{W_t-W}{U'(C)C} = \sum_{t=0}^{\infty}\beta^t\left(-\frac{1-\gamma}{2}\right)\left\{\begin{array}{l}\left[\dfrac{1+\phi}{1-\alpha}-(1-\gamma)(1-\sigma)\right]\hat{y}_t^2 + \\[3mm] \dfrac{1-\alpha+\alpha\varepsilon_p}{1-\alpha}\dfrac{\theta_p\varepsilon_p}{(1-\theta_p)(1-\beta\theta_p)}\pi_{Ht}^2 + \\[3mm] (1-\alpha)(1+\phi\varepsilon_w)\varepsilon_w\dfrac{\theta_w}{(1-\theta_w)(1-\beta\theta_w)}\pi_{wt}^2\end{array}\right\}$$

$$(3.94)$$

在式（3.94）中，本国的福利损失由三部分构成，本国产出缺口、

本国价格通货膨胀和本国工资通货膨胀。三者的权重分别由模型的结构参数给定。根据福利经济学理论，当边际替代率和边际产品相同时，资源配置能实现帕累托最优。在本章的模型中，边际替代率和边际产品的缺口是

$$mrs_t - mpn_t = \left[\sigma(1-\gamma) + \frac{\phi+1}{1-\alpha} - 1\right]y_t + \sigma\gamma y_t^* - \frac{\phi-1}{1-\alpha}a_t$$

劳动份额 $1-\alpha$ 上升，会降低产出对二者缺口的影响，有利于资源的优化配置。价格通货膨胀的权重与劳动份额负相关，给定价格通货膨胀，低工资通货膨胀会减少不同产品价格的扩散程度。工资通货膨胀的权重与劳动份额正相关，本国的劳动份额越高，当给定名义工资通货膨胀时，就业和产出会大幅下降。

在纳什货币政策下，对于本国而言，外国的经济变量及政策选择已给定，本国的货币政策部门只能通过调整本国的经济变量，如名义利率水平，实现对本国经济的宏观调控。本国货币政策部门在本国的价格菲利普斯曲线［见式（3.49）］、工资菲利普斯曲线［见式（3.50）］和实际工资缺口［见式（3.55）］的约束条件下，最大化本国的社会福利函数［见式（3.94）］。令 η_t^1、η_t^2 和 η_t^3 分别为式（3.49）、式（3.50）和式（3.55）的拉格朗日乘子，纳什货币政策下本国的最优货币政策满足：

$$(1-\gamma)\hat{y}_t + \eta_t^1\kappa_p + \eta_t^2\kappa_w + \eta_t^3\gamma = 0 \qquad (3.95)$$

$$(1-\gamma)\frac{\varepsilon_p}{\lambda_p}\pi_{Ht} - \eta_t^1 + \eta_t^3 + \eta_{t-1}^1 = 0 \qquad (3.96)$$

$$(1-\gamma)\frac{(1-\alpha)\varepsilon_w}{\lambda_w}\pi_{wt} - \eta_t^2 - \eta_t^3 + \eta_{t-1}^2 = 0 \qquad (3.97)$$

$$\eta_t^1\chi_p - \eta_t^2\chi_w + \eta_t^3 - \beta\eta_{t+1}^3 = 0 \qquad (3.98)$$

式（3.95）~式（3.98）中的 κ_p、κ_w、λ_p、λ_w、χ_p 和 χ_w 都是模型结构参数的函数。

在新开放经济宏观经济学中，Clarida 等（2002）认为在本国采用

纳什货币政策时，外国的经济变量给定。但这一求解问题的方法，与纳什的非合作博弈理论存在区别（Nash，1951）。在本国采用最优的货币政策时，外国政府也应在给定本国经济变量的条件下，选择外国的纳什最优货币政策。在得到两国最优货币政策以后，当开放经济模型受到外生冲击时，使用两国的开放经济政策，封闭整个经济系统，得到所有内生变量的随机动态性质，并使用福利相关经济变量的波动率，计算出在纳什货币政策下，本国与外国的社会福利水平。

使用与得到本国社会福利函数相同的方法，能够得到外国的社会福利函数，即

$$
\frac{W_t^* - W^*}{U'(C^*)C^*}
$$

$$
= \sum_{t=0}^{\infty} \beta^t \left(-\frac{\gamma}{2}\right) \left\{ \begin{array}{l} \left[\dfrac{1+\phi}{1-\alpha^*} - \gamma(1-\sigma)\right]\hat{y}_t^{*\,2} + \\[3mm] \dfrac{1-\alpha^* + \alpha^*\varepsilon_p^*}{1-\alpha^*} \dfrac{\theta_p^*\varepsilon_p^*}{(1-\theta_p^*)(1-\beta\theta_p^*)}\pi_{Ft}^{*\,2} + \\[3mm] (1-\alpha^*)(1+\phi\varepsilon_w^*)\varepsilon_w^* \dfrac{\theta_w^*}{(1-\theta_w^*)(1-\beta\theta_w^*)}\pi_{wt}^2 \end{array} \right\} \tag{3.99}
$$

外国货币政策部门在外国的价格菲利普斯曲线［见式（3.59）］、工资菲利普斯曲线［见式（3.60）］和外国实际工资缺口［见式（3.64）］的约束条件下，选择外国的产出缺口 $\hat{y}_t^*$、工资通货膨胀水平 π_{Ft}^* 和最大化外国家庭的社会福利函数［见式（3.99）］。令 ν_t^1、ν_t^2 和 ν_t^3 分别是式（3.59）、式（3.60）和式（3.64）的拉格朗日乘子，纳什货币政策下外国的最优货币政策满足以下条件：

$$
\gamma\hat{y}_t^* + \nu_t^1\kappa_p^* + \nu_t^2\kappa_w^* + \nu_t^3(1-\gamma) = 0 \tag{3.100}
$$

$$
\gamma\left(\frac{\varepsilon_p^*}{\lambda_p^*}\pi_{Ft}^*\right) - \nu_t^1 + \nu_t^3 + \nu_{t-1}^1 = 0 \tag{3.101}
$$

$$
\gamma\left[\frac{(1-\alpha^*)\varepsilon_w^*}{\lambda_w^*}\pi_{wt}^*\right] - \nu_t^2 - \nu_t^3 + \nu_{t-1}^2 = 0 \tag{3.102}
$$

$$
\nu_t^1\chi_p^* - \nu_t^2\chi_w^* + \nu_t^3 - \beta^t\nu_{t+1}^3 = 0 \tag{3.103}
$$

式（3.100）～式（3.103）中，κ_p^*、κ_w^*、λ_p^*、λ_w^*、χ_p^* 和 χ_w^* 都是模型结构参数的函数。在实现本国和外国的纳什货币政策以后，就得到了纳什货币政策下的全部经济系统的均衡。

3.4.3 合作货币政策下的最优补贴

与纳什货币政策下的情形一样，首先讨论两国货币政策合作时的最优补贴政策。在纳什货币政策下，本国财政部门将外国的经济变量看作给定的，仅通过补贴消除产品市场和劳动力市场上因垄断竞争扭曲给本国家庭带来的效用损失，而不会考虑外国家庭的福利水平。外国的财政部门也以同样的方式选择最优的补贴。但是，在研究两国的货币政策合作时，假定存在一个超主权的银行机构，在两国经济参与者最优行为的约束条件下，最大化两国福利水平之和（Clarida，Gali，and Gertler，2002；Pappa，2004），合作时的目标函数是两国效用函数的加权平均，即

$$\frac{1}{2}\left[U(C_t)-\int_0^1 V(N_t(h))\mathrm{d}h\right]+\frac{1}{2}\left[U(C_t^*)-\int_0^1 V(N_t^*(h))\mathrm{d}h\right] \quad (3.104)$$

假定两国政府联合起来，对厂商和家庭进行补贴，用于最大化稳态时的效用水平。稳态时的目标效用函数为

$$U(C_t)+U(C_t^*)-V(N_t)-V(N_t^*) \quad (3.105)$$

根据稳态时经济均衡条件，本国家庭消费和两国产出的关系用式（3.68）进行描述，外国家庭消费和两国产出的关系为

$$C_t^*=\frac{1}{2}Y_t^{1-\gamma}(Y_t^*)^\gamma \quad (3.106)$$

再根据两国厂商的生产函数，能够得到两国家庭稳态效用最大化时，两国就业与消费所满足的关系：

$$V'(N_t)N_t=2U'(C_t)C_t(1-\alpha)(1-\gamma) \quad (3.107)$$

$$V'(N_t^*)N_t^*=2U'(C_t^*)C_t^*(1-\alpha^*)\gamma \quad (3.108)$$

在确定性稳态时，式（3.71）描述了本国差异化中间产品厂商的实际边际成本，本国实际边际成本与补贴及工资黏性的关系为

$$MC_t = 2 \frac{1}{1+\tau_w} \frac{\varepsilon_w^*}{\varepsilon_w^*-1} \tag{3.109}$$

外国差异化中间产品厂商的实际边际成本为

$$MC_t^* = 2 \frac{1}{(1+\tau_w^*)} \frac{\varepsilon_w^*}{\varepsilon_w^*-1} \tag{3.110}$$

式（3.109）使用了稳态时本国家庭的最优条件，根据边际成本的定义，能够得到以下关系：

$$MC_t = (1+\tau_p) \frac{\varepsilon_p-1}{\varepsilon_p}$$

$$MC_t^* = (1+\tau_p^*) \frac{\varepsilon_p^*-1}{\varepsilon_p^*} \tag{3.111}$$

将式（3.71）、式（3.110）分别与式（3.109）和式（3.111）进行联合，得到合作货币政策下，本国政府和外国政府最优补贴满足的条件分别为

$$(1+\tau_w)(1+\tau_p) = 2 \frac{\varepsilon_p}{\varepsilon_p-1} \frac{\varepsilon_w}{\varepsilon_w-1} \tag{3.112}$$

$$(1+\tau_w^*)(1+\tau_p^*) = 2 \frac{\varepsilon_p^*}{\varepsilon_p^*-1} \frac{\varepsilon_w^*}{\varepsilon_w^*-1} \tag{3.113}$$

3.4.4　合作最优货币政策

与纳什货币政策一样，从式（3.107）和式（3.108）中可以看出，劳动力要素投入比重与两国经济的开放程度，会影响两国稳态时的最优福利水平。将满足式（3.107）和式（3.108）时的稳态经济水平，称为合作稳态。把两国家庭效用函数之和，在合作稳态附近进行二阶逼近，得到合作货币政策的社会福利函数，然后在两国私人部门最优行为的约束条件下，两国央行选择各自的产出缺口、价格通货膨胀水平和工资通货膨胀水平，最大化两国家庭效用之和。得到以下形式的社会福利函数：

$$W^C = \sum_{t=0}^{\infty} \beta^t \left\{ \begin{array}{l} -\dfrac{1-\gamma}{2}\left[(1-\alpha)(1+\phi\varepsilon_w)\varepsilon_w\Delta_t^w\right]- \\[2mm] \dfrac{\gamma}{2}\left[(1-\alpha^*)(1+\phi\varepsilon_w^*)\varepsilon_w^*\Delta_t^{w*}\right]- \\[2mm] \dfrac{1-\gamma}{2}\left[\dfrac{(1-\alpha)\varepsilon_p+\varepsilon_p^2}{1-\alpha}\Delta_t^p\right]- \\[2mm] \dfrac{\gamma}{2}\left[\dfrac{(1-\alpha^*)\varepsilon_p^2+\varepsilon_p^{2*}}{1-\alpha^*}\Delta_t^{p*}\right]- \\[2mm] \dfrac{1-\gamma}{2}\left[\left(\dfrac{1+\phi}{1-\alpha}-(1-\sigma)(1-\gamma)\right)\hat{y}_t^2\right]- \\[2mm] \dfrac{\gamma}{2}\left[\left(\dfrac{1+\phi}{1-\alpha^*}-(1-\sigma)(1-\gamma)\right)\hat{y}_t^{*2}\right]+ \\[2mm] \gamma(1-\gamma)(1-\sigma)\,\hat{y}_t\,\hat{y}_t^* \end{array} \right\} \tag{3.114}$$

与纳什货币政策下本国和外国央行的政策目标函数相比，合作货币政策下的社会福利函数中多了最后一项，即超级中央银行的最优货币政策对两国产出缺口的协方差做出反应，Clarida 等（2002）将这一机制称为贸易条件内生化。根据 Woodford（2003）的研究，将合作时的政策目标函数，改写为两国产出缺口、价格通货膨胀和名义工资通货膨胀的函数：

$$W^C = \sum_{t=0}^{\infty} \beta^t \left[\begin{array}{l} -\dfrac{1-\gamma}{2}V\hat{y}_t^2-\dfrac{\gamma}{2}V^*\,\hat{y}_t^{*2}- \\[2mm] \dfrac{1-\gamma}{2}\dfrac{\varepsilon_p}{\lambda_p}\pi_{Ht}^2-\dfrac{\gamma}{2}\dfrac{\varepsilon_p^*}{\lambda_p^*}\pi_{Ft}^{*2}- \\[2mm] \dfrac{1-\gamma}{2}\dfrac{(1-\alpha)\varepsilon_w}{\lambda_w}\pi_{wt}^2-\dfrac{\gamma}{2}\dfrac{(1-\alpha^*)\varepsilon_w^*}{\lambda_w}\pi_{wt}^{*2}+ \\[2mm] \gamma(1-\gamma)(1-\sigma)\,\hat{y}_t\,\hat{y}_t^* \end{array} \right] \tag{3.115}$$

在式（3.115）中，V 和 V^* 都是模型结构参数的函数。在两国家庭和厂商最优行为的约束条件下，合作最优货币政策满足以下条件：

$$(1-\gamma)V_1\,\hat{y}_t-\gamma(1-\gamma)(1-\sigma)\,\hat{y}_t^*+\Psi_1^t\kappa_p+$$

$$\Psi_2^t\kappa_w+\Psi_3^t\gamma-\Psi_4^t\chi_p^*-\Psi_5^t\chi_w-\Psi_6^t(1-\gamma)=0 \tag{3.116}$$

$$\gamma V^* \hat{y}_t^* - \gamma(1-\gamma)(1-\sigma)\,\hat{y}_t - \Psi_1^t \chi_p - \Psi_2^t \chi_w -$$
$$\Psi_3^t \gamma + \Psi_4^t \kappa_p^* + \Psi_5^t \kappa_w^* + \Psi_6^t(1-\gamma) = 0 \tag{3.117}$$

$$(1-\gamma)\frac{\varepsilon_p}{\lambda_p}\pi_{Ht} - \Psi_1^t + \Psi_3^t - \Psi_1^{t-1} = 0 \tag{3.118}$$

$$\gamma\frac{\varepsilon_p^*}{\lambda_p^*}\pi_{Ft}^* - \Psi_4^t + \Psi_6^t + \Psi_4^{t-1} = 0 \tag{3.119}$$

$$(1-\gamma)\frac{(1-\alpha)\varepsilon_w}{\lambda_w}\pi_{wt} - \Psi_2^t - \Psi_3^t + \Psi_2^{t-1} = 0 \tag{3.120}$$

$$\gamma\frac{(1-\alpha^*)\varepsilon_w^*}{\lambda_w^*}\pi_{wt}^* - \Psi_5^t - \Psi_6^t + \Psi_5^{t-1} = 0 \tag{3.121}$$

$$\Psi_1^t\lambda_p - \Psi_2^t\lambda_w + \Psi_3^t - \beta\Psi_3^{t+1} = 0 \tag{3.122}$$

$$\Psi_4^t\lambda_p^* - \Psi_5^t\lambda_w^* + \Psi_6^t - \beta\Psi_6^{t+1} = 0 \tag{3.123}$$

与纳什最优货币政策相比，二者最为主要的区别是本国产出缺口的一阶条件和外国产出缺口的一阶条件。在合作货币政策下，本国产出缺口的最优选择受到外国产出缺口、外国价格通货膨胀和名义工资通货膨胀波动的约束，外国产出缺口的选择同样受到本国产出缺口、本国价格通货膨胀和名义工资通货膨胀波动的约束。在世界经济受到外生冲击以后，合作货币政策下的两国主要经济变量的波动会高于纳什货币政策下的情形，但是由于两国产出缺口之间存在相关性，从某种程度上提高了两国整体的福利水平。本章将通过脉冲响应分析和预测误差方差分解等方法，详细分析两国货币政策合作能否改进家庭的福利水平，以及福利改进的主要机制。但在进行福利水平对比分析之前，先要对模型的结构参数进行选择。

3.5 模型参数和确定性稳态

将经济系统的结构参数分为三大类进行取值：第一类参数描述家庭和厂商的行为；第二类参数为中间产品市场和工资市场的垄断竞争程度，以及价格黏性和工资黏性；第三类参数刻画外生给定的两国技术冲击过程。

第一类参数包括两国家庭的主观贴现因子 β、相对风险规避系数 σ、劳动供给弹性 ϕ、两国经济开放程度 γ，以及两国厂商生产函数中劳动力要素投入比重 α 和 α^*。根据多数经济周期的新凯恩斯主义经济学的文献（Pappa，2004），令 $\beta=0.99$，意味着在稳态时两国的年实际利率是 4%。相对风险规避系数取值为 2，与风险规避系数取值为 1 的情形相比，利率水平波动对家庭消费的跨期影响更大，两国家庭的劳动供给弹性是 1/3（Pappa，2004），意味着 $\phi=3$。本国和外国厂商的劳动力要素投入比重分别是 0.5 和 0.36，两国经济开放程度均为 50%。

第二类参数描述了垄断竞争和名义黏性给经济系统带来的扭曲。本国厂商差异化产品的替代弹性 $\varepsilon_p=11$，稳态时本国厂商的边际成本加成是 10%，外国厂商差异化产品的替代弹性 $\varepsilon_p^*=8$，稳态时外国厂商的边际成本加成是 14%，可以看出，外国厂商的边际成本加成高于本国厂商。本国厂商的价格黏性程度 $\theta_p=0.66$，表示本国厂商平均三个季度调整一次价格，外国厂商的价格黏性程度 $\theta_p^*=0.75$，表示外国厂商平均一年调整一次价格，所以本国厂商的价格黏性程度低于外国厂商。本国家庭差异化劳动的替代弹性 $\varepsilon_w=21$，稳态时本国工资的边际成本加成为 5%。本国工资黏性系数 $\theta_w=0.7$，表示本国家庭平均五个季度调整一次工资（黄志刚，2011），外国工资黏性系数 $\theta_w^*=0.75$，表示外国家庭平均一年调整一次工资。外国家庭差异化劳动的替代弹性 $\varepsilon_w^*=21$，稳态时外国工资的边际成本加成为 5%（Chugh，2006）。

第三类参数描述了两国技术冲击过程的随机性质。本国技术冲击的一阶自相关系数 $\rho_a=0.9956$，相应技术冲击的标准差 $\sigma_a=0.0352$（骆永民、伍文中，2012）；外国技术冲击的一阶自相关系数 $\rho_a^*=0.9444$，相应技术冲击的标准差 $\sigma_a^*=0.0833$（金中夏、洪浩，2015）。可以看出，虽然本国技术冲击有较强的持续性，但各期的波动性也更高，而外国技术冲击的不确定性更小，外生冲击对其国内经济的影响也不是很大。假定两国的技术冲击不相关。表 3.1 总结了模型结构参数的选取。

表 3.1　模型结构参数

参数	取值	经济学含义
第一类参数		
β	0.99	家庭的主观贴现因子
α	0.5	本国劳动力要素投入比重
α^*	0.36	外国劳动力要素投入比重
σ	2	两国家庭的相对风险规避系数
ϕ	3	两国家庭的劳动供给弹性的倒数
γ	0.5	两国经济开放程度
第二类参数		
θ_p	0.66	本国不能调整价格的厂商比重
θ_p^*	0.75	外国不能调整价格的厂商比重
θ_w	0.7	本国工资黏性系数
θ_w^*	0.75	外国工资黏性系数
ε_p	11	本国厂商差异化产品的替代弹性
ε_p^*	8	外国厂商差异化产品的替代弹性
ε_w	21	本国家庭差异化劳动的替代弹性
ε_w^*	21	外国家庭差异化劳动的替代弹性
第三类参数		
ρ_a	0.9956	本国技术冲击的一阶自相关系数
ρ_a^*	0.9444	外国技术冲击的一阶自相关系数
σ_a	0.0352	本国技术冲击的标准差
σ_a^*	0.0833	外国技术冲击的标准差

在选定模型的结构参数以后，根据经济变量和结构参数之间的关系，确定纳什货币政策与合作货币政策的经济稳态。纳什货币政策与

合作货币政策下，本国家庭消费的稳态值可以表示为

$$C = \left\{ \left[2\kappa^{-1}(1-\gamma)S^{\gamma}\right]^{\frac{1+\phi}{1-\sigma}} \left[(1-\alpha)(1-\gamma)\right]^{-1} \right\}^{\frac{1}{(1-\sigma)-\frac{1+\phi}{1-\alpha}}} \tag{3.124}$$

$$C^* = \left\{ \left(2\kappa^{-1}\gamma S^{\gamma-1}\right)^{\frac{1+\phi}{1-\sigma}} \left[(1-\alpha^*)\gamma\right]^{-1} \right\}^{\frac{1}{(1-\sigma)-\frac{1+\phi}{1-\alpha^*}}} \tag{3.125}$$

$$C = \left\{ \left[2\kappa^{-1}(1-\gamma)S^{\gamma}\right]^{\frac{1+\phi}{1-\sigma}} \left[2(1-\alpha)(1-\gamma)\right]^{-1} \right\}^{\frac{1}{(1-\sigma)-\frac{1+\phi}{1-\alpha}}} \tag{3.126}$$

$$C^* = \left\{ \left(2\kappa^{-1}\gamma S^{\gamma-1}\right)^{\frac{1+\phi}{1-\sigma}} \left[2(1-\alpha^*)\gamma\right]^{-1} \right\}^{\frac{1}{(1-\sigma)-\frac{1+\phi}{1-\alpha^*}}} \tag{3.127}$$

式（3.124）和式（3.125）表示纳什货币政策下本国家庭与外国家庭的稳态消费水平，式（3.126）和式（3.127）表示合作货币政策下本国家庭与外国家庭的稳态消费水平。对于合作货币政策是否存在收益，在现有的文献中有两种不同的观点。第一种以 Clarida 等（2002）为代表，其研究指出在纳什货币政策和合作货币政策下两国政府的补贴并不相等，经济的稳态水平与政府补贴相关，而且合作货币政策下的消费稳态要高于纳什货币政策下的情形，然后在不同消费稳态的水平上计算相应货币政策条件下的社会福利水平。第二种以 Pappa（2004）和 Fujiwara 等（2017）为代表，他们认为无论是在纳什货币政策还是合作货币政策条件下，两国政府的补贴都应完全消除垄断竞争对经济造成的扭曲。因此，在经济实现纳什货币政策与合作货币政策稳态时，两国家庭的消费完全相同，并且同时达到帕累托最优的福利水平，为比较货币政策机制变化对稳态水平的影响，提供相同的基准。本章采用第一种方法，即纳什货币政策下与合作货币政策下的补贴和两国家庭的稳态消费都不相同。根据式（3.124）和式（3.125），能够得到纳什货币政策稳态时的贸易条件所满足的条件为

$$\left\{ \left(2\kappa^{-1}\gamma S^{\gamma-1}\right)^{\frac{1+\phi}{1-\sigma}} \left[(1-\alpha^*)\gamma\right]^{-1} \right\}^{\frac{1}{(1-\sigma)-\frac{1+\phi}{1-\alpha^*}}}$$

$$= \left\{ \left[2\kappa^{-1}(1-\gamma)S^{\gamma}\right]^{\frac{1+\phi}{1-\sigma}} \left[(1-\alpha)(1-\gamma)\right]^{-1} \right\}^{\frac{1}{(1-\sigma)-\frac{1+\phi}{1-\alpha}}} \tag{3.128}$$

根据式（3.126）和式（3.127），得到合作货币政策稳态时的贸易条件为

$$\left\{ (2\kappa^{-1}\gamma S^{\gamma-1})^{\frac{1+\phi}{1-\sigma}} \big[2(1-\alpha^*)\gamma \big]^{-1} \right\}^{\frac{1}{(1-\sigma)-\frac{1+\phi}{1-\alpha^*}}}$$

$$= \left\{ \big[2\kappa^{-1}(1-\gamma)S^{\gamma} \big]^{\frac{1+\phi}{1-\sigma}} \big[2(1-\alpha)(1-\gamma) \big]^{-1} \right\}^{\frac{1}{(1-\sigma)-\frac{1+\phi}{1-\alpha}}} \qquad (3.129)$$

根据表 3.1 中的结构参数取值，能够计算出在最优财政补贴的条件下，采取纳什货币政策和合作货币政策时主要经济变量的稳态值，见表 3.2。从表 3.2 中可以看出，无论是在纳什货币政策下，还是在合作货币政策下，本国的贸易条件都小于 1。所以，当不考虑各自外生技术冲击时，本国的贸易条件都有所改善，而且合作货币政策下的贸易条件更是低于纳什货币政策下的情形。在两种货币政策下，两国的产出水平发生了明显不同的变化。合作货币政策下本国的产出 y_t 低于纳什货币政策下的情形，而外国的产出 y_t^* 却高于本国产出的情形。

表 3.2　主要经济变量的稳态值

本国经济变量	纳什货币政策	合作货币政策	外国经济变量	纳什货币政策	合作货币政策
c_t	0.4879	0.5293	c_t^*	0.4879	0.5293
y_t	0.9620	0.9542	y_t^*	0.9900	0.9999
s_t	0.9718	0.9525			

在纳什最优货币政策的条件下，虽然财政补贴消除了在不考虑外国经济变量时，货币政策部门在通货膨胀偏好（Inflation Bias）和通货紧缩偏好（Deflation Bias）之间的权衡，但是，当两国在进行财政政策和货币政策之间的合作时，纳什货币政策下通货膨胀偏好与通货紧缩偏好的均衡点发生了改变，本国财政补贴会倾向于通货紧缩偏好，而外国的政府部门会倾向于通货膨胀偏好。所以，合作货币政策下本国产出减少，而外国的产出有所上升。就消费而言，由于存在完备的国际资本市场，两国家庭的最终消费实现了完全的风险分担，其消费总是处于相同水平，而且合作货币政策下的消费明显高于纳什货币政策下的情形。由于将社会福利水平表示为各自稳态消费的百分数，因此稳态消费的不同，将会影响最终货币政策的收益水平。

3.6 经济动态与福利分析

本节主要讨论了在给定纳什货币政策和合作货币政策两种不同机制下,当经济受到外生冲击的影响时,两国经济的动态性质。基于基准模型的结构参数,分析不同外生冲击下主要经济变量的脉冲响应函数,以及货币政策的福利效应。

3.6.1 脉冲响应分析

图3.1和图3.2描述了本国技术上升一单位标准差时,主要经济变量在灵活价格与灵活工资、纳什货币政策、合作货币政策,三种不同经济系统中的脉冲响应函数。

在灵活价格与灵活工资的经济系统中,由于名义价格和名义工资等名义变量不会影响任何的实际变量,所以货币政策对宏观经济运行不会产生任何的影响。当本国的全要素生产率上升时,本国的产出水平上升,实际产出一直处于其自然率水平,本国不存在产出缺口,与此同时,CPI通货膨胀、PPI通货膨胀和名义工资通货膨胀都为零,上述三个名义经济变量对实际资源的配置没有任何的影响。本国全要素生产率的上升增加了中间产品厂商对劳动的需求,劳动边际产品的增加也提高了家庭的实际工资,与此同时,实际工资上升的收入效应使得家庭减少了劳动的供给。根据所校准的参数,实际工资上升,本国家庭的就业不但没有上升,反而有所下降。由于外国的全要素生产率并没有发生任何变化,并且两国家庭消费实现了完全的风险分担,实际消费水平保持一致,因此本国家庭实际消费的上升幅度低于本国产出的增加额。

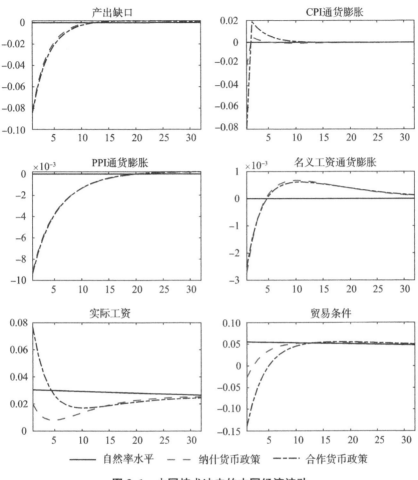

图3.1 本国技术冲击的本国经济波动

注：图中横坐标表示季度，纵坐标表示相应经济变量对其稳态对数偏离的百分比。

根据本国贸易条件与两国实际产出的关系，本国产出的增加导致了本国贸易条件的恶化，一单位的外国的最终消费品可以用于交换更多的本国最终消费品，所以本国最终消费品的世界需求增加，外国产出下降，家庭的就业水平也随之下降，但是由于外国贸易条件有所恶化，导致外国家庭的实际工资有所上升。国际资本市场完备的存在，使外国家庭的消费与本国家庭保持一致。通过对比两国主要经济变量的波动，发现在灵活价格与灵活工资的情形下，即使存在劳动力要素投入差异，当本国发生技术冲击时，仅通过本国贸易条件的波动，就能够实现两国经济波动完全对称的情形，但实际工资上升的原因却有所不同，本国实际工资的增加是通过全要素生产率的提高来实现的，外国实际工资的增加是通过贸易条件的恶化来实现的。

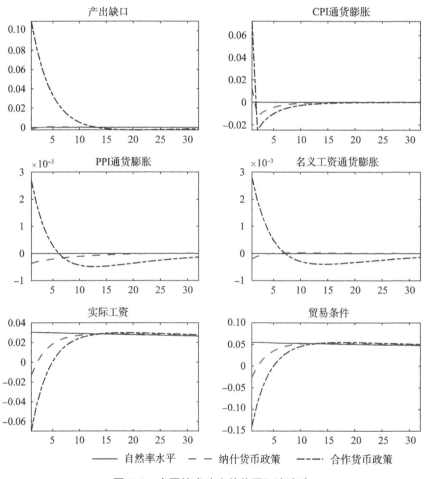

图 3.2 本国技术冲击的外国经济波动

注：图中横坐标表示季度，纵坐标表示相应经济变量对其稳态对数偏离的百分比。

Erceg 等（2000）认为当经济系统中同时存在价格黏性和工资黏性

时，央行任何的货币政策都无法使经济变量达到它的自然率水平，从而实现帕累托最优配置。因此，央行需要在以下目标之间进行权衡，即因全要素生产率变化导致的实际经济变量波动（产出和实际工资），与尽可能地消除通货膨胀波动（名义价格和名义工资）。脉冲响应函数与模型的参数和央行的货币政策有关。Gali（2008）在封闭经济模型的研究中发现，当全要素生产率上升时，央行的最优货币政策使得实际工资缓慢上升，但增加的程度要低于其自然率水平，这一目标主要是通过名义价格通货膨胀的下降和名义工资通货膨胀的上升来实现的，名义价格通货膨胀与名义工资通货膨胀的平滑变化，导致实际工资的缓慢调整，也使得实际产出在短期内高于其自然率水平，出现了产出超调现象。

在纳什货币政策下，虽然两国产出等经济变量的波动会影响对方的福利水平，但是两国央行在选择最优的货币政策时，并未考虑两国经济之间的相互影响，最终造成了两国社会福利的损失。当本国的全要素生产率上升一单位标准差时，本国央行只考虑了国内主要经济变量的波动，在冲击后的最初几期通过提高利率的方式操纵贸易条件，使得本国的贸易条件恶化，一单位本国的最终消费品能够交换到更多的外国最终消费品。这一货币政策能够通过以下机制改进本国的福利水平：首先，通过操纵本国的贸易条件，降低了外国对本国最终消费品的需求，进而减少本国家庭的就业，以及劳动所带来的负效用；其次，通过本国贸易条件的恶化，增加本国家庭对外国最终消费品的需求，在减少劳动负效用的同时，增加消费的正效用。与本国一样，外国的货币政策部门同样采用了纳什货币政策，而且外国的货币政策部门将因本国贸易条件操纵而产生的外国最终消费品需求，看作一个外生的需求冲击。

在外国货币政策部门的最优货币政策下，外国产出缺口并没有发生大幅的变化。最终，虽然本国央行希望通过恶化本国的贸易条件，以增加外国最终消费品的市场需求，以及提升本国家庭的消费水平，但是由于外国央行也采用了纳什货币政策，稳定了外国厂商的产出水平，上述两种机制共同作用，导致了本国贸易条件有小幅下降，以及世界总产出减少，两国消费水平也随之下降，增加了两国家庭的社会福利损失。在随后的几期，本国的名义利率逐渐下降，表现为贸易条件改善，由于外国产出此时依然保持在其自然率水平，本国最终消费品的需求有所上升。由于 CPI 通货膨胀和贸易条件之间存在着密切的关系，当本国最初操纵贸易条件时，本国存在着输入型通货紧缩，CPI 通货膨胀下降的程度要高于 PPI 通货膨胀，随着贸易条件的逐渐改善，本国 CPI 通货膨胀恢复到大于零的水平。

图 3.2 表明在纳什货币政策下，与外国福利水平有关的经济变量，如外国产出缺口、PPI 通货膨胀和名义工资通货膨胀的波动率都很小。最终当本国的贸易条件恶化时，外国存在着输入型通货膨胀，因此 CPI 通货膨胀水平要高于 PPI 通货膨胀，外国家庭的实际工资也有所下降。

当两国央行进行货币政策的合作时，世界货币政策的目标函数比纳什货币政策下两国社会福利函数之和多了一项，即两国产出缺口的协方差项，这最终导致了两国经济变量具有不同的脉冲响应函数，以及货币政策合作产生收益的经济机制。当本国全要素生产率上升一单位标准差时，本国的产出缺口、PPI 通货膨胀、名义工资通货膨胀和贸易条件，都与纳什货币政策下的情形较为接近，均有不同程度的下降。但是本国家庭的实际工资却出现了较大的变化，合作货币政策下实际工资水平几乎是纳什货币政策下实际工资的两倍。除了技术冲击水平的上升，这一影响实际工资的因素，实际工资水平的上升同时通过工资通货膨胀的小幅下跌，以及价格通货膨胀的大幅下跌来共同实现。实际工资的上升，增加了本国的就业，再加上技术冲击水平的上升，使用本国经济虽然存在着价格黏性和工资黏性等名义摩擦，但本国的实际产出同步上升，根据货币政策非合作时的传导机制，本国产出上升将改善本国的贸易条件，但是合作时本国的贸易条件却比纳什货币政策的情形更加恶化。因此，需要对比分析货币政策合作时的外国经济变量波动与货币政策不合作时有何不同。

在图3.2中，除了外国的实际工资和贸易条件的波动较为相似，其他四个经济变量的波动都出现了较大的差异。纳什货币政策与合作货币政策下的外国实际工资下降，主要原因在于，虽然名义工资通货膨胀导致了外国家庭名义工资的上升，但是由于外国贸易条件的改善，一单位外国最终消费品只能够交易更少的本国最终消费品，而外国家庭的最终消费篮子是由本国最终消费品和外国最终消费品通过柯布-道格拉斯的形式加总而成的。因此，贸易条件的改善，导致了本国家庭实际工资的下降，名义工资通货膨胀水平的上升也使家庭愿意提供更多的劳动，因此本国技术水平的上升，在导致本国就业下降的同时，反而增加了外国的就业和产出水平。相对于货币政策不合作的情形，外国产出水平相对于其稳态值上升了10%左右，而本国实际产出相对于其稳态值仅小幅下跌，最终合作时的贸易条件下降了13%左右。在纳什货币政策下，本国的贸易条件虽然下降的幅度不大，仅有3%左右，但是本国的产出下降了4%，外国的产出几乎处于其自然率水平。就世界总产出而言，货币政策合作时两国的总产出上升6%左右，而纳什货币政策下，两国总产出下降了4%。因此，在合作货币政策下，由于外国的货币政策部门也将本国的技术冲击看作内生的变量，本国也同样将外国的外生冲击看作内生的变量，这在目标社会福利函数中就表现为本国产出缺口和外国产出缺口的协方差项。

3.6.2 预测误差方差分解

表3.3总结了本国和外国全要素生产率冲击在经济周期中的重要程度。在本国和外国经济变量的波动中，发现本国技术冲击是导致世界经济波动的主要源泉。通过对纳什货币政策与合作货币政策的对比

发现，在合作货币政策下，外国技术冲击对本国的产出缺口、PPI 通货膨胀和名义工资通货膨胀波动的影响都有所上升，而本国技术冲击对外国上述三个经济变量波动的影响也会上升，这也是由进行货币政策合作时，两国货币政策部门需要考虑对方经济的机制所决定的。

表 3.3　主要经济变量的方差分解　　　　（单位:%）

经济变量	纳什货币政策		合作货币政策	
	本国技术冲击	外国技术冲击	本国技术冲击	外国技术冲击
c_t	99.88	0.12	99.85	0.15
y_t	100	0	99.98	0.02
l_t	99.97	0.03	99.76	0.24
rw_t	99.87	0.13	99.89	0.11
i_t	99.88	0.12	98.17	1.83
π_t	99.70	0.30	99.87	0.13
π_{Ht}	100	0	99.98	0.02
π_{wt}	99.99	0.01	99.44	0.56
yx_t	100	0	99.59	0.41
c_t^*	99.88	0.12	99.85	0.15
y_t^*	90.78	9.22	98.78	1.22
l_t^*	95.49	4.51	99.39	0.61
rw_t^*	99.95	0.05	99.94	0.06
i_t^*	99.36	0.64	99.97	0.03
π_t^*	99.96	0.04	99.85	0.15
π_{Ft}^*	18.71	81.29	86.98	13.02
π_{wt}^*	61.10	38.90	99.79	0.21
yx_t^*	3.91	96.09	99.56	0.44

　　例如，当两国不进行货币政策合作时，本国技术冲击对外国产出缺口、PPI 通货膨胀和名义工资通货膨胀波动的影响程度分别为 3.91%、18.71% 和 61.10%；当两国进行货币政策合作时，本国技术冲击对这三个经济变量的影响程度分别上升到 99.56%、86.98% 和 99.79%。外国技术冲击对本国主要经济变量波动的影响，也存在类似情形。当两国采用纳什货币政策时，外国技术冲击对本国经济变量几

乎没有什么影响，对本国名义工资通货膨胀波动的解释程度也只有
0.01%；当两国进行货币政策合作时，外国技术冲击对上述三个经济
变量波动的影响程度分别上升到 0.41%、0.02% 和 0.56%。

3.6.3 货币政策的福利分析

为了更好地对比不同货币政策下的社会福利水平，分别将两种货
币政策下的社会福利函数写为相关经济变量的方差和协方差，对式
（3.99）和式（3.115）取无条件期望，得到两种货币政策下的社会福
利损失函数：

$$L^N = \frac{1-\gamma}{2}\Big[V\mathrm{var}(\hat{y}_t) + \frac{\varepsilon_p}{\lambda_p}\mathrm{var}(\pi_{Ht}) + \frac{(1-\alpha)\varepsilon_w}{\lambda_w}\mathrm{var}(\pi_{wt}) \Big] \quad (3.130)$$

$$L^C = \frac{1}{2}\left\{ \begin{aligned} &\frac{1-\gamma}{2}\Big[V\mathrm{var}(\hat{y}_t) + \frac{\varepsilon_p}{\lambda_p}\mathrm{var}(\pi_{Ht}) + \frac{(1-\alpha)\varepsilon_w}{\lambda_w}\mathrm{var}(\pi_{wt}) \Big] + \\ &\frac{\gamma}{2}\Big[V^*\mathrm{var}(\hat{y}_t^*) + \frac{\varepsilon_p^*}{\lambda_p^*}\mathrm{var}(\pi_{Ft}^*) + \frac{(1-\alpha^*)\varepsilon_w^*}{\lambda_w^*}\mathrm{var}(\pi_{wt}^*) \Big] + \\ &\gamma(1-\gamma)(\sigma-1)\mathrm{cov}(\hat{y}_t,\hat{y}_t^*) \end{aligned} \right\}$$

$$(3.131)$$

其中，L^N 和 L^C 分别表示纳什货币政策和合作货币政策下，本国的社
会福利损失。$\mathrm{var}(x_t)$ 表示经济变量 x_t 的方差，$\mathrm{cov}(x_t, y_t)$ 表示经济
变量 x_t 与 y_t 的协方差。通过式（3.130）和式（3.131）可以发现，社
会福利损失主要与两国产出缺口、PPI通货膨胀和名义工资通货膨胀的
波动率有关，当两国进行货币政策合作时，总的社会福利损失还与两
国产出缺口的协方差有关。所以，通过分析不同货币政策下与社会福
利损失有关的经济变量的波动情形，可以研究货币政策的收益水平。

当两国货币政策部门不进行货币政策合作时，本国社会福利损失
是纳什稳态消费水平的 9.25%；当进行货币政策合作时，本国社会福
利损失是 8.89%。因此，货币政策的合作能够显著提高本国社会福利

水平，其中合作货币政策下的收益是 0.36%。与纳什货币政策相比，当两国进行货币政策合作时，由于本国和外国的货币部门不仅要对该国的技术冲击做出响应，而且需要对对方的技术冲击做出反应，因此合作货币政策下两国主要经济变量的波动率都会有所上升，同时，由于本国技术冲击的标准差较大，因此在合作时，外国经济变量的波动率上升的程度更加明显。当两国进行货币政策合作时，两国产出缺口的协方差也会影响最终的社会福利水平。从表 3.4 中可以看出，纳什货币政策下，两国产出缺口的协方差为零，但是在合作货币政策下，两国产出缺口的协方差为−0.0195，表明两国的产出缺口在技术冲击以后，呈相反方向的波动，平滑了世界的总产出。

表 3.4　主要经济变量的波动率

经济变量	纳什货币政策		合作货币政策	
	本国	外国	本国	外国
消费	0.2332	0.2332	0.2428	0.2428
产出	0.5213	0.0596	0.5206	0.1632
就业	0.2590	0.0908	0.2693	0.2542
实际工资	0.3046	0.3186	0.3231	0.3287
名义利率	0.0515	0.0287	0.0184	0.0469
CPI 通货膨胀	0.0232	0.0218	0.0834	0.0813
PPI 通货膨胀	0.0154	0.0017	0.0157	0.0042
名义工资通货膨胀	0.0040	0.0003	0.0037	0.0041
产出缺口	0.1139	0.0107	0.1191	0.1640
贸易条件	0.5770	0.5770	0.5997	0.5997
产出缺口协方差	0	0	−0.0195	−0.0195

对基准模型（Benchmark Model）进行比较静态分析。当两国的劳动力要素投入比重取不同的值时，本国与外国的主要经济变量及社会福利损失见表 3.5。在两国生产函数中，劳动力要素投入比重的差异对主要经济变量的波动以及货币政策合作收益有着明显的影响。在基准

模型中，货币政策合作收益是 0.36%。而当不考虑两国的劳动力要素投入差异时，货币政策合作收益仅有 0.31%，比基准模型下降了 0.05%。为了对比分析本国不同劳动力要素投入比重对货币政策合作收益的影响，在基准模型之外，还分析了两种情形，分别是 $\alpha=0$、$\alpha^*=0.36$ 和 $\alpha=0.25$、$\alpha^*=0.36$ 的情形。

表 3.5 本国社会福利损失的比较静态分析

	纳什货币政策	合作货币政策	货币政策合作收益
$\alpha=0$，$\alpha^*=0.36$			
$std(\hat{y}_t)$	0.0560	0.0583	
$std(\pi_{Ht})$	0.0244	0.0243	
$std(\pi_{wt})$	0.0008	0.0007	
社会福利损失	-0.0145	-0.0094	0.51%
$\alpha=0.25$，$\alpha^*=0.36$			
$std(\hat{y}_t)$	0.1023	0.1077	
$std(\pi_{Ht})$	0.0184	0.0185	
$std(\pi_{wt})$	0.0023	0.0022	
社会福利损失	-0.0508	-0.0410	0.98%
$\alpha=0.5$，$\alpha^*=0.36$			
$std(\hat{y}_t)$	0.1139	0.1191	
$std(\pi_{Ht})$	0.0154	0.0157	
$std(\pi_{wt})$	0.0040	0.0037	
社会福利损失	-0.0925	-0.0889	0.36%
$\alpha=0$，$\alpha^*=0$			
$std(\hat{y}_t)$	0.0564	0.0666	
$std(\pi_{Ht})$	0.0244	0.0244	
$std(\pi_{wt})$	0.0008	0.0008	
社会福利损失	-0.0145	-0.0114	0.31%

表 3.5 中列出了不同劳动力要素投入比重组合下，本国产出缺口、PPI 通货膨胀、名义工资通货膨胀和社会福利损失的相关数据。在经济波动方面，无论两国央行采用何种货币政策，PPI 通货膨胀和名义工资

通货膨胀的波动率都极为接近，而产出缺口的波动率则存在着较大的区别。因此，社会福利函数中本国产出缺口波动率的差异是货币政策合作收益的主要来源。当两国劳动力要素投入比重存在差异时，如果合作货币政策下本国产出缺口波动率较高，货币政策合作收益也相应地有所上升。例如，当 $\alpha=0.25$、$\alpha^*=0.36$ 时，合作货币政策下的产出缺口波动率比纳什货币政策下高了 0.0054，货币政策合作收益为 0.98%；当 $\alpha=0.5$、$\alpha^*=0.36$ 时，合作货币政策下的产出缺口波动率比纳什货币政策下提高了 0.0052，货币政策合作收益下降为 0.36%。通过前面的分析我们已经知道，货币政策合作时，产出缺口波动率越高，表明外国技术冲击对本国产出的影响越强烈，两国产出的互补性越强，所以货币政策合作收益越显著。

在图 3.3 和图 3.4 中，分别讨论了四种不同的两国劳动力要素投入比重组合，分别是 $\alpha=0$ 与 $\alpha^*=0$、$\alpha=0$ 与 $\alpha^*=0.36$、$\alpha=0.25$ 与 $\alpha^*=0.36$，以及 $\alpha=0.5$ 与 $\alpha^*=0.36$（基准模型）。

当受到正向的技术冲击时，在纳什货币政策下，对比前两种劳动力要素投入比重组合，可以发现：当本国的劳动力要素投入比重完全相同时，本国所有经济变量的波动完全相同。当给定外国的劳动力要素投入比重时，对比后三种情形可以发现：当本国的劳动力要素投入比重越低（α 越高时），本国劳动的边际产品越低，即劳动给家庭带来的负效用越高，所以在纳什货币政策下，本国货币政策部门操纵贸易条件的动机更加强烈，在减少本国产出和就业的同时，增加本国家庭的消费，最大化本国的社会福利，但是由于外国的货币政策部门也采取了纳什货币政策，其实际产出水平并没有太大的变化，最终导致世界总产出和两国家庭实际消费水平下降，并且消费水平下降所增加的负效用超过了闲暇的正效用水平，所以当两国央行都采用纳什货币政策时，劳动力要素投入比重越低，本国技术冲击越会降低本国的家庭消费和就业水平，由于外国技术冲击对本国造成的经济波动很小，因

此，纳什货币政策下本国的社会福利损失与劳动力要素投入比重负相
关。本国产出缺口、价格通货膨胀、名义工资通货膨胀都与劳动力要
素投入比重正相关。

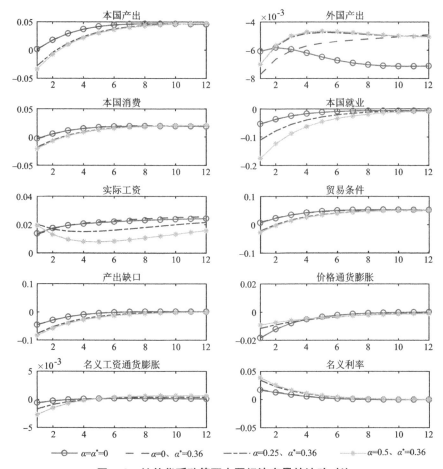

图 3.3　纳什货币政策下本国经济变量的波动对比

注：图中横坐标表示季度，纵坐标表示相应经济变量对其稳态对数偏离的百分比。

在开放经济中，本国家庭的实际工资，不仅与价格通货膨胀和名
义工资通货膨胀有关，而且与贸易条件有关。当 $\alpha = 0.5$ 时，虽然名义
工资通货膨胀的下降与价格通货膨胀的上升，在封闭经济中将导致实

际工资的下降，但是在开放经济中，本国贸易条件的恶化带来的实际工资的上升，最终超过了前者的影响。因此，本国的实际工资上升。本国货币政策部门最终通过选择利率的方式，实现对贸易条件的操纵，所以，名义利率水平与劳动力要素投入比重负相关，劳动力要素投入比重越低，本国在纳什货币政策下的利率水平越高。

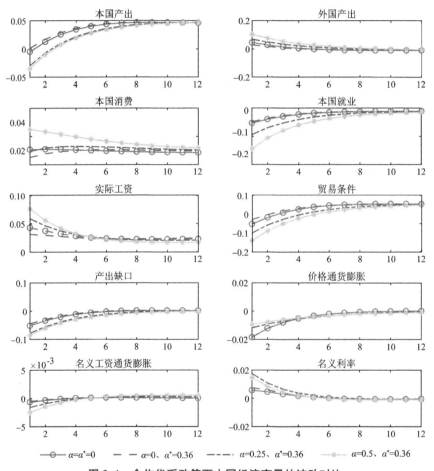

图 3.4 合作货币政策下本国经济变量的波动对比

注：图中横坐标表示季度，纵坐标表示相应经济变量对其稳态对数偏离的百分比。

在两国货币政策部门进行货币政策合作时，除了外国产出、本国消费、实际工资、贸易条件和名义利率的波动有所差异，其他主要经济变量的波动与劳动力要素投入比重之间的关系，与纳什货币政策下本国技术冲击的情形完全相同。由于两国进行货币政策合作时，外国的实际产出等经济变量也会对本国的技术冲击做出反应，正如在前面的分析中提到的那样，当本国产出下降时，外国产出会上升，平滑了世界总产出和两国家庭的消费。当劳动力要素投入比重下降时，外国产出上升，二者表现出明显的负相关关系，不同劳动力要素投入比重所导致的贸易条件的波动也越明显。

Clarida 等（2002）在不含有价格黏性的两国开放经济模型中，认为当家庭的风险规避系数为 1 时，两国央行采取货币政策合作不存在任何的收益。但是，在将基准模型的风险规避系数改为单位弹性时，发现纳什货币政策下的社会福利损失为 8.85％，而合作货币政策下的社会福利损失仅为 8.17％，此时的货币政策合作收益为 0.68％。

3.7　本章小结

本章讨论了当发展中国家与发达国家之间存在劳动力要素投入比重差异时，如果两国央行进行货币政策合作，社会福利水平是否会受到影响。基于现有的新凯恩斯主义经济学的研究文献，选取了能够刻画二者各自经济特征的结构参数进行模拟，发现名义工资黏性和劳动力要素投入差异确实能够影响两国合作货币政策的收益水平。

在基准模型中，无论是纳什货币政策还是合作货币政策，两国政策部门都进行两个层次的合作。首先，两国政府会分别对家庭和厂商进行补贴，纳什货币政策下两国的补贴仅针对本国家庭的最终消费品，所以补贴只能部分地消除垄断竞争所造成的资源低效配置，合作时两国的补贴则能够完全消除垄断竞争扭曲，提高了合作货币政策下的稳态消费水平。其次，将两国社会福利函数表示为稳态消费的百分比。两国货币政策部门在纳什货币政策下仅关注本国经济变量，以实现本国社会福利损失的最小化，在分析合作货币政策下的社会福利收益时，假定两国货币政策部门将货币政策选择委托给一个超主权的货币政策机构，此时两国的社会福利函数是两国家庭效用的加权平均。

就上述两个层次的政策而言，劳动力要素投入比重的差异都会影响具体的政策选择。如果将经济稳态时家庭效用最大化条件中与劳动力要素投入比重和对外开放程度有关的部分，看作稳态消费与就业之间的楔子，给定消费水平，合作货币政策下的稳态就业水平要高于纳什货币政策补贴的情形，而且就业水平上升的程度与劳动力要素投入比重密切相关。如果本国的劳动力要素投入比重较高，在合作货币政策下，本国的就业水平会有明显的上升。

另外，劳动力要素投入比重的差异，通过改变货币政策部门对产出和家庭实际工资的权衡，来影响货币政策合作收益。如果本国的劳动力要素投入比重较低，即 α 越大，表明单位劳动的产出水平越低，当受到外生技术冲击时，本国货币政策部门会倾向于增加产出缺口波动，而相对地降低实际工资的调整，而实际工资的调整又是通过 PPI 通货膨胀和名义工资通货膨胀的相互作用，进而共同决定的。两国不同的劳动力要素投入比重的组合，对最终货币政策的合作收益也有较为明显的影响。因此，从劳动力要素投入比重差异的角度来考虑，发展中国家应当与发达国家进行货币政策的合作。

本章在开放经济货币政策研究领域引入了新的影响因素（劳动力要素投入比重的差异和名义工资黏性）。由于纳什货币政策下两国央行仅考虑本国的经济变量，并将外国的经济波动看作给定，因此不存在机制设计的问题。但是在讨论货币政策合作的问题时，假定两国货币政策部门将其最终的货币政策选择权都委托给一个超主权的银行，发现当进行货币政策合作时，劳动力要素投入比重较高的国家的社会福利反而会下降，因此从机制设计角度，讨论两国央行的货币政策合作，以及外国央行在何种激励条件下能够进行货币政策合作，是开放经济货币政策合作问题研究的一个重要内容。

本章重点关注了劳动力要素投入比重的差异对货币政策合作收益的影响。但是，除了劳动力要素投入比重的差异，发展中国家与发达国家还存在很多其他方面的差异，例如产品贸易结构方面，在国际贸易中，发达国家更多出口的是高附加值的工业制成品，而发展中国家更多出口的是低附加值的原材料和初级制成品，所以产品贸易结构差异是否会影响两国货币政策合作的收益，以及对收益的影响程度是否与对外开放程度有关，是值得进一步研究的问题。

第 4 章

耐用消费品贸易与货币政策合作收益

4.1 引言

耐用消费品贸易是当前国际贸易的重要组成部分。Engel 等
（2011）使用 25 个 OECD 成员国的进出口数据发现，耐用消费品贸易
占到总进出口贸易的 70% 以上。

耐用消费品不仅在贸易总量上非常显著，而且是导致国际贸易进出
口波动的主要因素。Levchenko 等（2010）发现了 2008—2009 年美国进
出口贸易的四个基本事实，其中就包含了汽车和工业用品下降幅度很
大，而非耐用消费品的下降幅度却不明显。在金融海啸期间，美国的
名义出口额减少了 26%，但汽车及其配件的贸易量却下降了 47%，工
业用品的贸易量下降了 34%，非耐用消费品和农产品的贸易量分别下
降了 12% 和 19%；美国的名义进口额下降了 34%，汽车及其配件和工
业用品的贸易量减少了将近 50%，而非耐用消费品的贸易量却只下降
了 15%，低于名义进口额下降的平均水平。Engel 等（2011）也发现，
进出口波动之所以是 GDP 波动的 3 倍，原因在于耐用消费品贸易波动

性很大。使用 OECD 成员国的数据发现了下述事实：第一，进口额和出口额的波动率接近 GDP 的 3 倍，将这一现象称为贸易波动；第二，进口和出口都是顺周期的，而且二者正相关，将这一现象称为正向协动；第三，净出口逆周期，但是用标准的开放经济周期模型无法解释以上现象，人们发现引入耐用消费品贸易的两国经济模型能够提供更好的机制。因此，Engel 等（2011）认为耐用消费品贸易是开放经济宏观经济的重要组成部分。

与非耐用消费品的不同之处在于，耐用消费品能够在多期之内持续消费，是一个存量，但每期给家庭所带来的效用却是流量。由于耐用消费品较高的存量流量比（Stock-Flow Ratio），存量的短期波动对总效用的边际影响不大，所以它的影子价格几乎不变（Barsky，House，and Kimball，2007）。因此，耐用消费品的需求对用户成本极为敏感（Monacelli，2009），给央行货币政策的选择造成了新的挑战。Erceg 等（2006）首先在封闭经济中分析了耐用消费品对最优货币政策的影响，发现货币政策的福利效果依赖于耐用消费品部门的波动。如果一种货币政策能够有效抑制耐用消费品产出的波动，其福利效果更接近于帕累托最优水平，但对于耐用消费品贸易与开放经济货币政策的关系尚未进行研究，本章填补了这一理论研究的空白，将 Erceg 等（2006）的研究推广到了两国开放经济中，研究了耐用消费品贸易对货币政策合作的福利水平的影响。

本章主要内容安排如下：第 4.2 节描述了耐用消费品在我国对外贸易中的现实特征；第 4.3 节刻画了蕴含耐用消费品的开放经济模型以及经济系统的均衡；第 4.4 节对模型的结构参数进行了校准；第 4.5 节通过对家庭效用函数的二阶逼近得到了社会福利函数，并在给定私人部门最优行为的约束下，计算了最优货币政策；第 4.6 节对本章内容进行了小结。

4.2 耐用消费品贸易的基本特征

根据国际贸易标准分类（Standard International Trade Classification, SITC）将我国进出口数据进行分类，通过去趋势和季节调整处理，可得到我国进出口波动的经济周期特征❶。

表4.1中列出了主要OECD成员国和主要新兴市场国家的贸易特征。其中，我国的GDP波动率最低，只有0.96%，但是进口和出口相对于GDP的波动率却是所有国家中最高的，说明我国GDP在稳步上升的同时，进口和出口却表现出了极大的波动，这与我国外向型的经济发展方式以及对出口的需求相关，表明我国存在着"贸易波动"的特征，而且贸易波动率在所有国家中是最高的。

表4.1 国际贸易的波动性和协同性

国家	GDP 波动率（%）	相对于GDP的波动率			与GDP的相关系数			进出口相关系数
		进口	出口	净出口比重	进口	出口	净出口比重	
主要OECD成员国								
加拿大	1.42	3.15	2.65	0.66	0.74	0.66	−0.12	0.62
美国	1.52	3.33	2.63	0.25	0.83	0.41	−0.47	0.19
英国	1.36	2.72	2.17	0.39	0.61	0.45	−0.25	0.59
日本	1.22	4.19	3.51	0.36	0.60	0.16	−0.34	0.21
均值	1.38	3.25	2.73	0.78	0.63	0.39	−0.24	0.38
中位数	1.36	3.08	2.65	0.68	0.61	0.45	−0.25	0.40

---

❶ 经济变量的周期性质主要包括以下两个指标：①标准差，也称为波动率，用于表示变量波动性的大小，标准差越大，这一变量在经济周期中的波动性越大；②与GDP的相关系数，如果某一经济变量与GDP的相关系数为正，称这一经济变量是顺周期的，它与产出水平正相关，如果某一经济变量与GDP的相关系数为负，称这一经济变量是逆周期的，它与产出水平负相关。

国家	GDP 波动率 (%)	相对于 GDP 的波动率			与 GDP 的相关系数			进出口 相关系数
		进口	出口	净出口 比重	进口	出口	净出口 比重	
主要新兴市场国家								
中国	0.96	8.88	7.74	2.62	0.19	0.34	0.18	0.65
阿根廷	3.40	5.70	2.62	0.33	0.89	0.51	−0.53	0.68
巴西	1.42	6.55	6.73	4.90	0.38	0.15	−0.11	0.74
印度 尼西亚	3.46	4.82	4.51	1.68	0.56	0.37	−0.06	0.80
印度	1.40	6.30	5.14	8.29	0.16	0.11	−0.04	0.69
俄罗斯	2.75	2.39	2.44	1.11	0.78	0.63	−0.001	0.49
南非	1.29	7.82	6.77	2.15	0.75	0.68	−0.20	0.74
均值	2.10	6.07	5.14	3.01	0.53	0.40	−0.11	0.68
中位数	1.42	6.3	5.14	2.15	0.56	0.37	−0.06	0.69

注：数据的统计时间段为 1995 年 1 月至 2014 年 12 月。

在与 GDP 的相关系数分析中发现，我国无论是进口、出口还是净出口比重，都是与 GDP 正相关的，表明三者都是顺周期的，其中，进口与出口的顺周期性与其他国家保持一致，但是我国净出口比重也是顺周期的，这与其他国家不同。进出口相关系数说明我国的进口与出口是正相关的，存在"正向协动"的特征。

在得到我国进出口贸易的经济周期性质以后，将进出口数据细分为原料与能源、非耐用消费品和耐用消费品三类，研究发现以下特征。首先，耐用消费品贸易在总进口中占有很大的比重，虽略有波动，但维持在 45%~60%，非耐用消费品的比重不断下降，由最初的 35%左右下降到 15%，原料与能源比重不断上升，从 10%左右上升到将近30%，进口产品结构变化，表明随着工业化进程的不断推进，我国逐渐成为原料与能源消费大国，非耐用消费品进口的下降说明我国的农业和轻工业部门的产品已经能够满足社会的需求。其次，在总出口中，耐用消费品的比重持续上升，从 35％上升到了 60％以上，非耐用消费品却从 58％下降到了 35％左右，原料与能源的比例一直不高，但也有所下降，耐用消费品出口逐渐代替了非耐用消费品出口，表明我国已经从主要的初级产品出口国成为工业制成品出口国。无论是在出口品部门还是在进口品部门，耐用消费品贸易在我国对外贸易中都占有非常重要的地位。

Erceg 等（2006）认为，耐用消费品会使央行在选择货币政策时面对新的权衡：首先，由于耐用消费品是存量，但每期给家庭带来效用的部分，即折旧部分，却是流量。因此，存量的需求变化将会引入耐用消费品产量的巨大波动。其次，由于耐用消费品具有跨期性，其需求不仅与家庭预期的价格变化有关，而且具有类似于债券等投资品的性质。所以，耐用消费品需求对于实际利率极为敏感，这也对最优货币政策的选择提出了新的挑战。

由于耐用消费品在我国贸易结构中占有较大比重的现实特征，可通过新机制影响经济波动和货币政策的选择，但已有的研究大多集中于封闭经济（Erceg and Levin，2006；Monacelli，2009），或是在开放经济中讨论耐用消费品贸易对国际经济周期的影响（Engel and Wang，2011）。本章创新性地在开放经济模型中，讨论耐用消费品贸易对央行最优货币政策选择的影响。

4.3　两国两部门模型

本国居住着［0，1］区间上的连续统家庭，每个家庭每期都拥有一单位的劳动禀赋。每个国家内部存在着两种生产部门，非耐用消费品部门和耐用消费品部门，两个部门的厂商都在存在垄断竞争的中间产品市场上销售产品，选择价格最大化贴现利润之和，同时雇佣劳动力进行生产活动。假定非耐用消费品是不可贸易的，只有耐用消费品能够在国家之间进行贸易（Engel and Wang，2011）。家庭每期都从耐用消费品和非耐用消费品的消费以及闲暇中得到效用，假设家庭无限期存在。

4.3.1 家庭

代表性家庭 h 的效用函数为

$$E_0\Big\{\sum_{t=0}^{\infty}\beta^t\big[(1-\alpha)\ln C_t+\alpha\gamma\ln\widetilde{D}_{Ht}(h)+\alpha(1-\gamma)\ln\widetilde{D}_{Ft}(h)-$$

$$\frac{N_{ct}(h)^{1+\varphi_c}}{1+\varphi_c}-\frac{N_{Ht}(h)^{1+\varphi_H}}{1+\varphi_H}\big]\Big\} \tag{4.1}$$

其中，$C_t(h)$ 是家庭 h 在 t 期的非耐用消费品需求，它是由所有本国非耐用消费品部门的差异化中间产品经过常替代弹性（CES）函数加总而成的，即

$$C_t(h)=\Big[\int_0^1 C_t(h,f)^{\frac{\varepsilon_{pc}-1}{\varepsilon_{pc}}}\,\mathrm{d}f\Big]^{\frac{\varepsilon_{pc}}{\varepsilon_{pc}-1}}$$

其中，ε_{pc} 是本国差异化非耐用消费品的替代弹性，当 $\varepsilon_{pc}=\infty$ 时，基准模型回到了完全竞争的非耐用消费品市场的情形；$C_t(h,f)$ 是 t 期家庭 h 对非耐用中间产品 f 的需求，通过求解家庭 h 在购买非耐用消费品上的支出最小化问题，能够得到非耐用消费品厂商 f 的最优产品需求为

$$C_t(h,f)=\Big(\frac{P_{ct}(f)}{P_{ct}}\Big)^{-\varepsilon_{pc}}C_t(h)$$

其中，$P_{ct}(f)$ 是非耐用消费品中间厂商 f 在 t 期的产品价格，P_{ct} 是本国非耐用消费品的价格指数，其定义是

$$P_{ct}=\Big[\int_0^1 P_{ct}(f)^{1-\varepsilon_{pc}}\,\mathrm{d}f\Big]^{\frac{1}{1-\varepsilon_{pc}}}$$

除了购买非耐用消费品，家庭每期还从持有的耐用消费品存量中

获取效用。γ 是本国耐用消费品存量在总耐用消费品存量中的比重，$\tilde{D}_{Ht}(h)$ 是家庭 h 在 t 期持有的能够带来效用的本国耐用消费品存量，$\tilde{D}_{Ft}(h)$ 是家庭持有的能够产生效用的外国耐用消费品存量，它们的定义分别是

$$\tilde{D}_{Ht}(h) = D_{Ht}(h) - \frac{\phi}{2} \frac{(Y_{Ht}^H(h) - \delta D_{Ht}(h))^2}{D_{Ht}(h)} \tag{4.2}$$

$$\tilde{D}_{Ft}(h) = D_{Ft}(h) - \frac{\phi}{2} \frac{(Y_{Ft}^H(h) - \delta D_{Ft}(h))^2}{D_{Ft}(h)} \tag{4.3}$$

其中，ϕ 用于描述耐用消费品存量的调整成本，假定本国和外国耐用消费品存量的调整成本完全相同；$D_{Ht}(h)$ 是家庭 h 在 t 期持有的本国耐用消费品存量；$D_{Ft}(h)$ 是家庭持有的外国耐用消费品存量。其存量跨期转移方程分别为

$$D_{Ht+1}(h) = (1-\delta)D_{Ht}(h) + Y_{Ht}^H(h) \tag{4.4}$$

$$D_{Ft+1}(h) = (1-\delta)D_{Ft}(h) + Y_{Ft}^H(h) \tag{4.5}$$

其中，δ 是耐用消费品存量的折旧率，假定两国耐用消费品存量的折旧率完全相同；$Y_{Ht}^H(h)$ 和 $Y_{Ft}^H(h)$ 是家庭 h 在 t 期新购买的本国和外国耐用消费品指数，分别是本国和外国差异化中间耐用消费品的 CES 函数加总，即

$$Y_{Ht}^H(h) = \left[\int_0^1 Y_{Ht}^H(h,f)^{1-\frac{1}{\varepsilon_{pH}}} \, \mathrm{d}h\right]^{\frac{\varepsilon_{pH}}{\varepsilon_{pH}-1}}$$

$$Y_{Ft}^H(h) = \left[\int_0^1 Y_{Ft}^H(h,f)^{1-\frac{1}{\varepsilon_{pH}}} \, \mathrm{d}h\right]^{\frac{\varepsilon_{pH}}{\varepsilon_{pH}-1}}$$

其中，ε_{pH} 是差异化耐用消费中间产品的替代弹性，假设两国中间产品的替代弹性完全相同。与非耐用消费品类似，通过求解家庭 h 在购买耐用消费品的最小支出问题，得到家庭 h 在 t 期对本国和外国中间耐用消费品的需求分别为

$$Y_{Ht}^H(h,f) = \left(\frac{P_{Ht}(f)}{P_{Ht}}\right)^{-\varepsilon_{pH}} Y_{Ht}^H(h)$$

$$Y_{Ft}^H(h,f) = \left(\frac{P_{Ft}(f)}{P_{Ft}}\right)^{-\varepsilon_{pH}} Y_{Ft}^H(h)$$

其中，P_{Ht} 是本国耐用消费品价格指数，P_{Ft} 是外国耐用消费品价格指数的本币价格，其定义分别为

$$P_{Ht} = \left[\int_0^1 P_{Ht}(f)^{1-\varepsilon_{pH}} \, \mathrm{d}f\right]^{\frac{1}{1-\varepsilon_{pH}}}$$

$$P_{Ft} = \left[\int_0^1 P_{Ft}(f)^{1-\varepsilon_{pH}} \, \mathrm{d}f\right]^{\frac{1}{1-\varepsilon_{pH}}}$$

假定在国际贸易中一价定律成立，因此外国耐用消费品 f 在本国的销售价格是经过汇率调整的本币价格，$P_{Ft}(f)=\varepsilon_t P_{Ft}^*(f)$，$\varepsilon_t$ 是 t 期的名义汇率，$P_{Ft}^*(f)$ 是外国耐用消费品 f 的外币价格，根据价格指数的定义可知 $P_{Ft}=\varepsilon_t P_{Ft}^*$。

每个家庭都有两个成员，分别向两个部门厂商提供差异化的劳动（Erceg and Levin，2006）。假定家庭 h 成员在非耐用消费品部门的工作时间是 $N_{ct}(h)$，在耐用消费品部门的工作时间是 $N_{Ht}(h)$。两个部门内部分别存在劳动力打包厂商，无成本地使用 CES 函数加总，将每个家庭在两个部门中提供的差异化劳动力进行 CES 函数加总，并将加总后的劳动力在完全竞争的最终劳动力市场上，提供给两部门的生产厂商，因此非耐用消费品部门和耐用消费品部门的总劳动供给 N_{ct} 和 N_{Ht} 分别为

$$N_{ct} = \left[\int_0^1 N_{ct}(h)^{\frac{\varepsilon_{wc}-1}{\varepsilon_{wc}}} \, \mathrm{d}h\right]^{\frac{\varepsilon_{wc}}{\varepsilon_{wc}-1}}$$

$$N_{Ht} = \left[\int_0^1 N_{Ht}(h)^{\frac{\varepsilon_{wH}-1}{\varepsilon_{wH}}} \, \mathrm{d}h\right]^{\frac{\varepsilon_{wH}}{\varepsilon_{wH}-1}}$$

其中，ε_{wc} 是本国非耐用消费品部门差异化劳动力的常替代弹性；ε_{wH} 是本国耐用消费品部门差异化劳动力的常替代弹性。在两国开放经济模型中，假定两国相同部门的劳动力替代弹性完全相同。通过求解两部门劳动力打包厂商的支出最小化问题，得到家庭 h 劳动力的最优需求

分别为

$$N_{ct}(h) = \left(\frac{W_{ct}(h)}{W_{ct}}\right)^{-\varepsilon_{wc}} N_{ct}$$

$$N_{Ht}(h) = \left(\frac{W_{Ht}(h)}{W_{Ht}}\right)^{-\varepsilon_{wH}} N_{Ht}$$

其中，W_{ct} 是本国非耐用消费品部门的工资指数；W_{Ht} 是本国耐用消费品部门的工资指数。二者定义分别为

$$W_{ct} = \left[\int_0^1 W_{ct}(h)^{1-\varepsilon_{wH}} \, \mathrm{d}h\right]^{\frac{1}{1-\varepsilon_{wH}}}$$

$$W_{Ht} = \left[\int_0^1 W_{Ht}(h)^{1-\varepsilon_{wH}} \, \mathrm{d}h\right]^{\frac{1}{1-\varepsilon_{wH}}}$$

由于两部门的劳动力无法自由流动，因此在经济均衡时社会中将存在两个完全不同的工资水平。在经济系统中存在工资黏性，只有固定比例的家庭能够重新选择工资（Calvo，1983）。在各期，家庭都会收到一个独立同分布的随机信号，决定在该期是否可以调整工资。如果家庭 h 能够调整工资，那么家庭内部在两个部门工作的成员可以同时调整最优工资。家庭收到调整工资信号的概率是 $1-\theta_k$，$k \in \{c, H\}$，其中 c 表示本国非耐用消费品部门，H 表示本国耐用消费品部门。每期只有收到调整工资信号的家庭可以重新选择最优的工资水平，而未收到调整工资信号的家庭只能继续沿用上一期的工资水平，即 $W_{kt}(h) = W_{kt-1}(h)$。

除了消费和劳动的选择，家庭每期还要从国内和国外资本市场上购买 Arrow-Debreu 证券。根据 Engel 等（2011）的研究，假定本国家庭分别在完备的国内和国际资本市场上交易两种不同的债券，即家庭在国内资本市场上购买本国的名义状态依存债券 $B_{t+1}(h)$，以及在国际资本市场上购买以外币标价的实际状态依存债券 $B_{Ft+1}(h)$，表示在下一期某种特定状态发生时，支付一单位的外国最终耐用消费品。因此家庭 h 的预算约束可以表示为

$$P_{ct}C_t(h) + P_{Ht}Y_{Ht}^H(h) + P_{Ft}Y_{Ft}^H(h) +$$

$$E_t[r_{t,t+1}B_{t+1}(h)] + P_{Ft}E_t[r_{Ft,t+1}B_{Ft+1}(h)]$$
$$= (1+\tau_{wc})W_{ct}(h)N_{ct}(h) + (1+\tau_{wH})W_{Ht}(h)N_{Ht}(h) +$$
$$B_t(h) + P_{Ft}B_{Ft}(h) - T_t(h) + \Pi_t(h) \tag{4.6}$$

式（4.6）的左侧是家庭 h 在 t 期的支出；$C_t(h)$、$Y_{Ht}^H(h)$ 和 $Y_{Ht}^H(h)$ 是家庭购买的非耐用消费品、本国耐用消费品和外国耐用消费品；$r_{t,t+1}$ 是名义状态依存债券 $B_{t+1}(h)$ 的价格，$r_{Ft,t+1}(h)$ 是 $B_{Ft+1}(h)$ 在 t 期的价格。式（4.6）的右侧表示家庭 h 的收入情况，$1+\tau_{wc}$ 表示政府对家庭 h 在非耐用消费品部门就业的补贴，用于消除非耐用消费品部门劳动力市场垄断竞争扭曲对就业造成的扭曲；$1+\tau_{wH}$ 是政府对家庭 h 在耐用消费品部门就业的补贴，用于消除耐用消费品劳动力市场上垄断竞争对就业的扭曲；$B_t(h)$ 表示家庭 h 上期购买的本国名义状态依存债券的收入；$P_{Ft}B_{Ft}(h)$ 是上期家庭 h 购买的外国实际状态依存债券到期后得到的外国耐用消费品，相应的名义总收入需要经过当期的价格水平进行调整；$T_t(h)$ 是家庭 h 在当期向政府上缴的一揽子税费。由于每个家庭都持有非耐用消费品厂商和耐用消费品厂商的股份，因此 $\Pi_{ct}(h)$ 和 $\Pi_{Ht}(h)$ 分别是家庭 h 在 t 期得到的两部门厂商的利润支付。

由于存在工资黏性，分开讨论家庭的最优消费问题和最优工资选择问题。家庭 h 在预算约束的条件下，选择消费、本国状态依存债券和外国状态依存债券的一阶条件为

$$r_{t,t+1} = \beta\frac{U_c(t+1)P_{ct}}{U_c(t)P_{ct+1}} \tag{4.7}$$

$$r_{Ft,t+1} = \beta\frac{U_c(t+1)P_{ct}P_{Ft+1}}{U_c(t)P_{ct+1}P_{Ft}} \tag{4.8}$$

$$Q_tU_c(t) = U_{DH}(t) + \beta E_t[U_{DH}(t+1) + (1-\delta)Q_{t+1}U_c(t+1)] \tag{4.9}$$

$$Q_tS_tU_c(t) = U_{DF}(t) + \beta E_t[U_{DF}(t+1) + (1-\delta)Q_{t+1}S_{t+1}U_c(t+1)] \tag{4.10}$$

其中，$U_c(t)$ 和 $U_c(t+1)$ 分别表示非耐用消费品在 t 期和 $t+1$ 期的边际效用。式（4.7）和式（4.8）是家庭 h 对本国和外国状态依存债券的需求方程，对两式分别取期望得到：

$$1 = \beta E_t \left[\frac{U_c(t+1)P_{ct}}{U_c(t)P_{ct+1}} R_t \right]$$

$$1 = \beta E_t \left[\frac{U_c(t+1)P_{ct}P_{Ft+1}}{U_c(t)P_{ct+1}P_{Ft}} R_{Ft} \right]$$

其中，R_t 是本国耐用消费品债券的无风险名义利率；R_{Ft} 是外国耐用消费品债券的无风险名义利率。消除两式中非耐用消费品的边际效用，得到 R_t 和 R_{Ft} 之间的关系为

$$R_t = R_{Ft} E_t \left(\frac{P_{Ft+1}}{P_{Ft}} \right)$$

由于两个国家的经济是对称的，因此通过求解外国家庭的最优消费问题，同样可以得到上述的最优条件：

$$R_t^* = R_{Ft} E_t \left(\frac{P_{Ft+1}^*}{P_{Ft}^*} \right)$$

其中，R_t^* 是外国以非耐用消费品计量的名义利率；P_{Ft}^* 和 P_{Ft+1}^* 分别是 t 期和 $t+1$ 期外国耐用消费品的价格指数水平。根据以上两个等式，能够得到无抛补的利率平价公式（Uncovered Interest-rate Parity）：

$$R_t = R_t^* E_t \left(\frac{e_{t+1}}{e_t} \right)$$

式（4.9）和式（4.10）表示家庭对本国和外国耐用消费品的需求，$Q_t = P_{Ht}/P_{ct}$ 是本国生产的耐用消费品相对于非耐用消费品的价格，$S_t = P_{Ft}/P_{Ht}$ 是本国的贸易条件，表示一单位加总的外国耐用消费品可以交换多少单位加总后的本国耐用消费品，如果本国的贸易条件改善，表明外国的耐用消费品可以交换更多的本国耐用消费品。式（4.9）左侧表示减少一单位本国耐用消费品，并用增加非耐用消费品后的效用提升，右侧表示增加一单位耐用消费品的总效用，由三部分组成，第一部分是耐用消费品在当期带来的效用，第二部分是改变本

国耐用消费品持有量而产生的调整成本所带来的效用损失，第三部分是出售折旧后的残值，用于购买非耐用消费品增加效用的贴现值。家庭 h 对外国耐用消费品存量的需求，与对本国耐用消费品存量的需求类似，但仍然存在不同之处，主要表现在受到贸易条件 S_t 和名义汇率 ε_t 波动的影响。本国和外国耐用消费品的用户成本 Z_{Ht} 和 Z_{Ft} 的定义如下：

$$Z_{Ht} = \frac{U_{DH}(t+1)}{U_c(t)} = \frac{1}{\beta}\left(Q_t - \frac{U_{DH}(t)}{U_c(t)}\right) - (1-\delta)E_t\left(\frac{Q_{t+1}}{R_{st}}\right)$$

$$Z_{Ft} = \frac{U_{DF}(t+1)}{U_c(t)} = \frac{1}{\beta}\left(Q_t S_t - \frac{U_{DF}(t)}{U_c(t)}\right) - (1-\delta)E_t\left(\frac{Q_{t+1}S_{t+1}}{R_{st}}\right)$$

其中，$R_{st} = R_t P_{ct}/P_{ct+1}$，表示由本国非耐用消费品计量的实际利率。从以上两式可以看出，家庭对本国和外国耐用消费品存量的用户成本，不仅受到非耐用消费品相对价格的影响，而且与本国的实际利率有关。Monacelli（2009）认为，如果未来耐用消费品的相对价格上升，家庭会因为持有耐用消费品得到额外的财富收入，因此预期相对价格的上升将会增加耐用消费品的需求；反之，如果以非耐用消费品计量的实际利率上升，将减少下期耐用消费品残值的效用贴现值，因此当期名义利率的上升将降低家庭对耐用消费品的需求。

由于存在工资黏性，当家庭 h 能够调整它的名义工资水平时，需要考虑未来无法选择工资的情形，此时的家庭 h 的效用函数是

$$E_t\left\{\sum_{j=0}^{\infty}(\beta\theta_{wk})^{t+j}\begin{bmatrix}(1-\alpha)\ln C_{t+j} + \alpha\gamma\ln\tilde{D}_{Ht+j}(h) + \alpha(1-\gamma)\ln\tilde{D}_{Ft+j}(h) - \\ \dfrac{N_{ct+j}(h)^{1+\varphi_c}}{1+\varphi_c} - \dfrac{N_{Ht+j}(h)^{1+\varphi_H}}{1+\varphi_H}\end{bmatrix}\right\}$$

其中，$k\in\{c, H\}$，c 和 H 分别表示非耐用消费品部门和耐用消费品部门；θ_{wk} 表示家庭无法调整两部门工资的概率。家庭 h 在选择最优工资时的预算约束和选择消费略有差别，即

$$P_{ct}C_{t+j}(h) = (1+\tau_{wc})W_{ct}(h)N_{ct+j|t} + (1+\tau_{wH})W_{Ht}(h)N_{Ht+j|t} + \Delta_{t+j}(h)$$

其中，$\Delta_{t+j}(h)$ 表示预算约束中不影响家庭 h 工资选择的项；$N_{ct+j|t}$ 和 $N_{Ht+j|t}$ 是 t 期调整工资的家庭在 $t+j$ 的两部门就业水平。在给定两部

门厂商对其劳动力需求约束的条件下，得到家庭 h 在 t 期选择名义工资的最优条件为

$$E_t\left\{\sum_{k=0}^{\infty}(\beta\theta_{wc})^k N_{ct+k|t}U_{ct+k}\left[(1+\tau_{wc})\frac{W_{ct}}{P_{ct+k}}-\frac{\varepsilon_{wc}}{\varepsilon_{wc}-1}\frac{N_{ct+k|t}^{\varphi_c}}{U_{ct+k}}\right]\right\}=0$$

(4.11)

$$E_t\left\{\sum_{k=0}^{\infty}(\beta\theta_{wH})^k N_{Ht+k|t}U_{ct+k}\left[(1+\tau_{wH})\frac{W_{Ht}}{P_{Ht+k}}Q_{t+k}-\frac{\varepsilon_{wH}}{\varepsilon_{wH}-1}\frac{N_{Ht+k|t}^{\varphi_H}}{U_{ct+k}}\right]\right\}=0$$

(4.12)

可以看出，当经济系统中存在工资黏性时，最优工资水平是未来各期边际替代率的加权平均。当 θ_{wH} 和 θ_{wc} 都等于 0 时，回到了完全竞争的劳动力市场，此时的实际工资为每个家庭在两部门边际替代率的加成。政府对两部门的劳动力进行工资补贴，消除因垄断竞争所造成的就业扭曲。所以，政府在非耐用消费品和耐用消费品两部门的补贴分别为

$$1+\tau_{wc}=\frac{\varepsilon_{wc}}{\varepsilon_{wc}-1}$$

$$1+\tau_{wH}=\frac{\varepsilon_{wH}}{\varepsilon_{wH}-1}$$

在经济稳态时，两部门的就业率都达到了自然率水平。

经济系统中存在完备的国内资本市场，使得本国家庭在经济均衡时能够实现风险的完全分担，因此所有的家庭都会选择相同的非耐用消费品 C_t，调整工资的家庭会面对相同的边际替代率，也会选择相同的工资水平，根据本国非耐用消费品和耐用消费品部门工资指数的定义以及大数定律，将本国两部门的工资指数表示为

$$W_{ct}=\left[(1-\theta_{wc})W_{ct|t}^{1-\varepsilon_{wc}}+\theta_{wc}W_{ct-1}^{1-\varepsilon_{wc}}\right]^{\frac{1}{1-\varepsilon_{wc}}}$$

$$W_{Ht}=\left[(1-\theta_{wH})W_{Ht+t|t}^{1-\varepsilon_{wH}}+\theta_{wH}W_{Ht-1}^{1-\varepsilon_{wH}}\right]^{\frac{1}{1-\varepsilon_{wc}}}$$

由于在模型中引入了耐用消费品，因此无法通过求解家庭的支出最小化问题得到社会总体的价格指数，只能定义一个全社会的价格指

数 $P_t = P_{ct}^{\psi_1}(P_{Ht}^{\gamma}P_{Ft}^{1-\gamma})^{\psi_2}$，$\psi_1$ 和 ψ_2 分别是稳态时，非耐用消费品和耐用消费品在家庭总消费中所占的比重，以此来定义实际汇率水平 V_t，即

$$V_t = \frac{\varepsilon_t P_t^*}{P_t}$$

其中，P_t^* 是采用相同方式定义的外国居民消费价格水平。

4.3.2 厂商

本国存在两种类型的厂商：非耐用消费品厂商和耐用消费品厂商。每种厂商内部都存在着 [0，1] 区间上的无穷多个中间产品厂商，它们使用规模报酬不变的技术生产差异化的中间产品，每期需要选择资本和劳动力进行生产，两部门生产技术分别为

$$Y_{ct}(f) = A_{ct}N_{ct}(f) \tag{4.13}$$

$$Y_{Ht}(f) = A_{Ht}N_{Ht}(f) \tag{4.14}$$

其中，$Y_{ct}(f)$ 是非耐用消费品厂商 f 的产品；A_{ct} 是非耐用消费品部门的全要素生产率冲击，服从外生给定的一阶自回归过程，$\log A_{ct} = \rho_c \log A_{ct-1} + \varepsilon_{ct}$，$\rho_c$ 是一阶自回归系数，描述了外生冲击的持续性，其数值越大，表明下期非耐用消费品厂商的技术生产率和当期的相关性越高，ε_{ct} 服从均值为 0、标准差为 σ_c 的正态分布，且每期的外生冲击相互独立；$N_{ct}(f)$ 是厂商在劳动力市场雇佣的劳动。耐用消费品部门厂商的生产函数与之类似，但耐用消费品部门的技术水平 A_{Ht} 和 A_{ct} 相互独立。对于家庭最优工资选择的问题，假定两个部门的劳动力无法自由流动，但可以在同一部门不同厂商之间流动。

由于同一部门内的所有厂商都使用相同的生产函数，并受到同样的技术冲击的影响，所以厂商在选择最优的资本和劳动力时，会面临相同的边际成本。两部门的边际成本为

$$MC_{ct} = \frac{W_{ct}}{(1-\alpha_c)A_{ct}N_{ct}}$$

$$MC_{Ht} = \frac{W_{Ht}}{(1-\alpha_H)A_{Ht}N_{Ht}}$$

在经济系统中存在着价格黏性，只有固定比例的厂商能够重新选择价格（Calvo，1983）。厂商每期都会收到一个独立同分布的随机信号，决定在该期是否可以调整价格。厂商收到调整价格信号的概率是 $1-\lambda_k$，$k\in\{c,H\}$，其中 c 表示非耐用消费品部门的厂商，H 表示耐用消费品部门的厂商。根据大数定律，每期只有收到调整价格信号的厂商可以重新选择最优的价格水平，而未收到调整价格信号的厂商只能继续沿用上一期的工资水平，即

$$P_{kt}(h) = P_{kt-1}(h)$$

厂商只能选择商品的本币价格，在世界其他国家的价格是经过汇率调整的本币价格。在非耐用消费品部门，t 期调价厂商的目标利润函数是

$$E_t \sum_{k=0}^{\infty} \{\theta_c^k r_{t,t+k}[(1+\tau_{pc})P_{ct+k|t} - MC_{ct+k|t}]Y_{ct+k|t}(f)\}$$

其中，θ_c^k 是非耐用消费品部门每期不能调价厂商的占比；$r_{t,t+k}$ 是未来利润的随机贴现因子；$P_{ct+k|t}$ 是在 t 期能够重新调价的厂商选择的最优价格，由于各个部门的中间产品厂商面临相同的生产边际成本，因此所有在 t 期能够选择价格的厂商将会选择相同的价格；τ_{pc} 是政府对非耐用消费品部门的补贴。中间产品厂商的最优价格满足以下条件：

$$E_t \sum_{k=0}^{\infty} \left\{\theta_{pc}^k r_{t,t+k} Y_{ct+k|t}(f)\left[(1+\tau_{pc})P_{ct+k|t} - \frac{\varepsilon_c}{\varepsilon_c-1}MC_{ct+k|t}\right]\right\} = 0$$

(4.15)

根据同样的方法，能够得到耐用消费品中间产品厂商的最优价格选择：

$$E_t \sum_{k=0}^{\infty} \left\{\theta_{pH}^k r_{t,t+k} Y_{Ht+k|t}(f)\left[(1+\tau_{pH})P_{Ht+k|t} - \frac{\varepsilon_{pH}}{\varepsilon_{pH}-1}P_{Ht+k}MC_{Ht+k|t}\right]\right\} = 0$$

(4.16)

其中，θ_{pH}^i 是不调价耐用消费品中间产品厂商的比例；τ_{pH} 是政府对耐用消费品部门的补贴，用于消除垄断竞争市场所造成的两部门的产出扭曲。因此，政府对两部门厂商的价格补贴满足：

$$1 + \tau_{pc} = \frac{\varepsilon_{pc}}{\varepsilon_{pc} - 1}$$

$$1 + \tau_{pH} = \frac{\varepsilon_{pH}}{\varepsilon_{pH} - 1}$$

在经济系统达到确定性稳态时，每个部门厂商的价格水平都等于名义边际成本。根据大数定律，在 t 期本国的非耐用消费品价格指数和耐用消费品价格指数分别是

$$P_{ct} = \left[(1 - \theta_{pc})(P_{ct+k|t})^{1-\varepsilon_{pc}} + \theta_{pc}(P_{ct-1})^{1-\varepsilon_{pc}} \right]^{\frac{1}{1-\varepsilon_{pc}}}$$

$$P_{Ht} = \left[(1 - \theta_{pH})(P_{Ht+k|t})^{1-\varepsilon_{pH}} + \theta_{pH}(P_{Ht-1})^{1-\varepsilon_{pH}} \right]^{\frac{1}{1-\varepsilon_{pH}}}$$

其中，$P_{ct+k|t}$ 是所有调价的非耐用消费品厂商都选择的相同价格；$P_{Ht+k|t}$ 是耐用消费品厂商的最优价格。

非耐用消费品部门的总劳动和总产出的关系是

$$N_{ct} = \frac{Y_{ct}}{A_{ct}} \int_0^1 \left(\frac{P_{ct}(f)}{P_{ct}} \right)^{-\varepsilon_{pc}} \mathrm{d}f$$

耐用消费品部门的总劳动和总产出的关系是

$$N_{Ht} = \frac{Y_{Ht}}{A_{Ht}} \int_0^1 \left(\frac{P_{Ht}(f)}{P_{Ht}} \right)^{-\varepsilon_{pH}} \mathrm{d}f$$

4.3.3 政府

假定政府在每期都实现了财政收支平衡，政府总的一揽子税收收入等于对家庭和厂商的总补贴，即

$$\int_0^1 T_t(h) \mathrm{d}h = \int_0^1 (\tau_{cp} P_{ct}(f) Y_{ct}(f) + \tau_{pH} P_{Ht}(f) Y_{Ht}(f)) \mathrm{d}f +$$

$$\int_0^1 (\tau_{wc} W_{ct}(h) N_{Ht}(h) + \tau_{wH} W_{Ht}(h) N_{Ht}(h)) \mathrm{d}h \quad (4.17)$$

以非耐用消费品计量的名义利率是政府主要的货币政策工具，而且政府在每期都可以执行既定的货币政策规则。

4.3.4 灵活价格与灵活工资均衡

本小节讨论了经济系统的灵活价格与灵活工资均衡，并对所有经济变量在其确定性稳态值附近进行对数线性化，得到均衡时的线性动力系统。经济系统均衡配置由以下变量构成：本国家庭选择的非耐用消费品数量 C_t，持有的本国耐用消费品存量 D_{Ht} 和外国耐用消费品存量 D_{Ft}，当期购买的本国耐用消费品 Y_{Ht}^H 和外国耐用消费品 Y_{Ft}^H，购买的以本国非耐用消费品计量的名义状态依存债券 $B_{t,t+1}$，在国际市场上购买的以外国耐用消费品计量的名义状态依存债券 $B_{Ft,t+1}$，本国家庭向非耐用消费品厂商提供的劳动 $N_{ct}(h)$ 和本国家庭向耐用消费品厂商提供的劳动 $N_{Ht}(h)$，本国非耐用消费品部门的名义工资 $W_{ct}(h)$ 和本国耐用消费品部门的名义工资 $W_{Ht}(h)$，其中 $h \in [0,1]$；外国家庭选择的非耐用消费品数量 C_t^*，外国家庭持有的本国耐用消费品存量 D_{Ht}^* 和外国耐用消费品存量 D_{Ft}^*，当期购买的本国耐用消费品 Y_{Ht}^F 和外国耐用消费品 Y_{Ft}^F，购买的以外国非耐用消费品计量的名义状态依存债券 $B_{t,t+1}^*$，在国际市场上购买的以外国耐用消费品计量的名义状态依存债券 $B_{Ft,t+1}^*$，外国家庭向外国非耐用消费品厂商提供的劳动 $N_{ct}^*(h)$，外国家庭向本国厂商提供的劳动 $N_{Ft}^*(h)$，并分别选择两部门的工资水平 $W_{ct}^*(h)$ 和 $W_{Ft}^*(h)$，其中 $h \in [0,1]$；本国非耐用消费品厂商 f 选择的劳动 $L_{ct}(f)$，产出 $Y_{ct}(f)$ 和产品的价格水平 $P_{ct}(f)$，其中 $f \in [0,1]$；本国耐用消费品厂商 f 选择的劳动 $L_{Ht}(f)$，产出 $Y_{Ht}(f)$ 和产品的价格水平 $P_{Ht}(f)$，其中 $f \in [0,1]$。外国非耐用消费品厂商 f 选择的劳动

$L_{ct}^*(f)$，产出 $Y_{ct}^*(f)$ 和产品的价格水平 $P_{ct}^*(f)$，其中 $f \in [0, 1]$；外国耐用消费品厂商 f 选择的劳动 $L_{Ft}^*(f)$，产出 $Y_{Ft}^*(f)$ 和产品的价格水平 $P_{Ht}^*(f)$，其中 $f \in [0, 1]$。经济系统均衡时的价格水平包括：本国随机贴现因子 $r_{t,t+1}$，外国随机贴现因子 $r_{t,t+1}^*$，国际市场上交易的名义汇率水平 ε_t，本国的贸易条件 S_t，本国耐用消费品和非耐用消费品的相对价格 Q_t，外国耐用消费品和非耐用消费品的相对价格 Q_t^*，本国非耐用消费品的价格指数 P_{ct} 和耐用消费品的价格指数 P_{Ht}，本国非耐用消费品部门的工资指数 W_{ct} 和耐用消费品部门的工资指数 W_{Ht}，外国非耐用消费品的价格指数 P_{ct}^* 和耐用消费品的价格指数 P_{Ft}^*，工资指数 W_{ct}^* 和 W_{Ft}^*。

上述的资源配置和价格水平满足以下条件：①给定非耐用消费品和耐用消费品的价格水平，本国家庭和外国家庭都实现了自己效用水平的最大化；②给定产品价格和工资，两部门的厂商选择劳动力，实现厂商利润的最大化；③给定非耐用消费品厂商和耐用消费品厂商的劳动力需求，家庭选择就业供给实现当期财富收入的最大化；④本国的非耐用消费品和耐用消费品市场出清，外国的非耐用消费品和耐用消费品市场出清，本国两部门劳动力市场出清，外国两部门劳动力市场出清，本国和外国的状态依存债券市场出清，以及世界的状态依存债券市场出清。

为了更好地分析最优货币政策及其福利效果，首先讨论了灵活价格与灵活工资时的均衡，将灵活价格与灵活工资时的资源配置称为其自然率水平，经济变量与其自然率水平之间的差值称为缺口。

在灵活价格与灵活工资的经济系统中，厂商产品价格和家庭工资分别是边际成本和边际替代率的常数倍加成，由于政府补贴消除了垄断竞争扭曲，因此稳态时的产出和就业实现了帕累托最优配置。分别将家庭的最优均衡条件、厂商的最优均衡条件和市场出清条件进行对数线性化，将经济系统均衡表示为线性动态系统。在对数线性化的过程中，会用到以下关系式：

$$x_t = \frac{X_t - \overline{X}}{\overline{X}}$$

其中，$\overline{X}$ 是经济变量 X_t 的确定性稳态值；x_t 是经济变量 X_t 对其稳态值的对数偏离，也是偏离其稳态值水平的百分比。

对家庭非耐用消费品的欧拉方程进行对数线性化以后，得到以下等式：

$$c_t = E_t(c_{t+1}) - E_t(i_t - \pi_{ct+1}) \tag{4.18}$$

式（4.18）是新凯恩斯主义经济学中的 DIS 曲线（Dynamic IS Curve）。本国家庭对本国非耐用消费品的需求受两个因素的影响，分别是家庭对未来期非耐用消费品的需求的预期，以及当期的实际利率水平。在新凯恩斯主义经济学理论中，货币政策部门通常采用泰勒法则来调整社会的名义利率，进而影响家庭对产品的总需求，实现对经济的宏观调控。

对无抛补的利率平价方程进行对数线性化以后，得到了常见的利率平价理论，即

$$i_t = i_t^* + E_t(e_{t+1} - e_t) \tag{4.19}$$

在资本完全自由流动的国际金融市场中，两国名义利率水平之差，取决于投资者对两国货币名义汇率水平波动的预期。在外国名义利率和预期汇率水平给定的情形下，本国利率突然上升，使得国际金融市场上出现了可以被利用的套利机会，国际资本会从外国更多地流入本国，在外汇市场上出现了对本国货币的超额需求，当外汇市场实现均衡时，本国货币相对于外国货币会有所升值。由于本章采用的是直接标价法表示汇率，因此本币的升值会导致名义汇率 e_t 下降。在外汇市场上，名义汇率会调整到满足利率平价理论的要求为止。所以，根据利率平价理论，在其他条件给定的情形下，本国利率水平的上升会导致本币升值，外币贬值。

将本国家庭的耐用消费品需求方程进行对数线性化后，得到以下等式：

$$d_{Ht+1} = c_t - z_{Ht} + \phi E_t \left(\Delta d_{Ht+2} - \frac{1}{\beta} \Delta d_{Ht+1} \right) \qquad (4.20)$$

其中，d_{Ht+1} 是本国家庭持有的本国耐用消费品对其稳态值的对数偏离；z_{Ht} 是本国耐用消费品的用户成本，其定义是

$$z_{Ht} = q_t + \frac{\beta(1-\delta)}{1-\beta(1-\delta)} (i_t - \pi_{ct+1}^p - \Delta q_{t+1}) \qquad (4.21)$$

本国耐用消费品与家庭在当期购买的非耐用消费品正相关，由于耐用消费品能够在多期提供效用，因此它的存量需求也受到用户成本变化的影响，当耐用消费品的相对价格上升时，会抑制家庭对耐用消费品的需求。除此之外，非耐用消费品的用户成本也受到实际利率和相对价格波动的影响，当实际利率上升时，根据家庭跨期消费的欧拉方程，本国家庭会减少对非耐用消费品的需求，由于耐用消费品的存量与非耐用消费品正相关，非耐用消费品需求的下降也同样减少了家庭对耐用消费品存量的需求。耐用消费品价格的变动也会影响家庭对耐用消费品存量的需求，如果家庭预期下一期耐用消费品价格上升，会增加对耐用消费品的持有。家庭在改变耐用消费品存量的过程中，存在调整成本。如果当期耐用消费品存量 d_{Ht+1} 增加，在下一期耐用消费品折旧后的残值，会减少因耐用消费品存量变化而产生的调整成本，即 Δd_{Ht+2}。

将家庭对外国非耐用消费品的需求函数进行对数线性化以后，可得到以下等式：

$$d_{Ft+1} = c_t - z_{Ft} + \phi E_t \left(\Delta d_{Ft+2} - \frac{1}{\beta} \Delta d_{Ft+1} \right) \qquad (4.22)$$

与家庭对本国耐用消费品存量的需求相同，本国家庭对外国耐用消费品存量的需求同样受到三个因素的影响：当期家庭对非耐用消费品的需求、外国耐用消费品的用户成本和耐用消费品存量的调整成本。

$$z_{Ft} = q_t + s_t + \frac{\beta(1-\delta)}{1-\beta(1-\delta)} (i_t - \pi_{ct+1}^p - \Delta q_{t+1} - \Delta s_{t+1}) \qquad (4.23)$$

但是，外国耐用消费品的用户成本还会受到贸易条件的影响，贸易条件改善，表明外国耐用消费品相对于本国耐用消费品的价格上升，家庭对它的需求减少了。如果家庭预期将来外国耐用消费品的贸易条件会改善，其存量需求将会增加。

对本国耐用消费品存量和外国耐用消费品存量的运动方程进行对数线性化，可以得到：

$$d_{Ht+1} = (1-\delta)d_{Ht} + \delta y_{Ht}^{H} \tag{4.24}$$

$$d_{Ft+1} = (1-\delta)d_{Ft} + \delta y_{Ft}^{H} \tag{4.25}$$

在灵活价格与灵活工资的经济系统中，由于政府补贴消除了产品市场和劳动力市场上因垄断竞争而造成的扭曲，所以均衡时，两部门家庭的边际替代率分别等于部门内部的劳动边际成本。将其进行对数线性化后，得到以下等式：

$$\varphi_c n_{ct} + c_t = a_{ct} \tag{4.26}$$

$$\varphi_H n_{Ht} + c_t = a_{Ht} + q_t \tag{4.27}$$

在对非耐用消费品部门和耐用消费品部门的生产函数方程进行对数线性化后，得到以下等式：

$$y_{ct} = a_{ct} + n_{ct} \tag{4.28}$$

$$y_{Ht} = a_{Ht} + n_{Ht} \tag{4.29}$$

非耐用消费品和耐用消费品的市场出清条件分别满足：

$$y_{ct} = c_t \tag{4.30}$$

$$y_{Ht} = \gamma y_{Ht}^{H} + (1-\gamma)y_{Ht}^{F} \tag{4.31}$$

由于非耐用消费品只能用于生产国的家庭自己消费，而耐用消费品可以出口，所以在两部门的市场出清时，本国非耐用消费品厂商的总产出等于家庭对耐用消费品的最优需求，本国耐用消费品的总产出，除了本国家庭的需求，还有外国家庭的需求部分。两国之间在各期都实现了贸易平衡，因此得到贸易条件和两国耐用消费品出口之间的关系：

$$s_t = y_{Ht}^{F} - y_{Ft}^{H} \tag{4.32}$$

虽然在灵活价格与灵活工资的经济系统中，名义经济变量，如利率、价格、工资和通货膨胀等，不会影响社会经济资源的实际配置，但是与Gali（2008）的研究一样，本章依然外生地引入了货币政策，并用费雪方程式（Fisher Equation）表示利率和非耐用消费品价格通货膨胀之间的关系：

$$i_t = r_t + \pi_{ct} \tag{4.33}$$

式（4.33）描述了名义利率、实际利率和通货膨胀率之间的关系，r_t 是本国非耐用消费品的实际利率，货币政策的规则为

$$i_t = \rho_i \pi_{ct} + \varepsilon_{it} \tag{4.34}$$

其中，ρ_i 是货币政策规则对非耐用消费品通货膨胀的反应系数，为了避免均衡时经济系统出现多重均衡的问题，在对结构参数进行校准时，令其取值大于 1；ε_{it} 是外生给定的名义利率冲击。

外国经济系统的灵活价格与灵活工资的均衡，与本国的情形非常相似。在经济变量的右上角加 "*" 号表示和本国经济变量含义相同的外国经济变量。本国贸易条件、名义汇率和两国之间的通货膨胀水平存在以下关系：

$$s_t - s_{t-1} = e - e_{t-1} + \pi_{Ft}^* - \pi_{Ht} \tag{4.35}$$

其中，π_{Ft}^* 是外国耐用消费品的价格通货膨胀。因此，得到了灵活价格与灵活工资时，两国开放经济的动态均衡系统，在对结构参数进行校准以后，使用 Blanchard 等（1980）、Uhlig（1999）、Klein（2000）和 Sims（2002）的方法，将结构向量自回归系统表示为退化的向量自回归方程，并使用脉冲响应图和方差分解等方法，分析技术冲击和利率冲击对整个经济系统的影响机制及其传导路径。

4.3.5 黏性价格与黏性工资均衡

黏性价格与黏性工资时，经济系统的均衡条件和灵活价格与灵活工资时的情形大致相同，但只有部分厂商和家庭能够调整价格和工资，

所以价格通货膨胀和工资通货膨胀等名义变量,能够影响产出和就业
等实际经济变量,这为讨论央行采取货政策进行宏观调控提供了必要
性。本部分内容主要讨论本国非耐用消费品部门的劳动力工资和耐用消
费品部门的劳动力工资的菲利普斯曲线,非耐用消费品厂商和耐用消费
品厂商的价格选择的价格菲利普斯曲线,外国的情形和本国类似。在分
析黏性价格与黏性工资均衡之前,定义了产出缺口和实际工资缺口,
产出缺口是黏性均衡时的产出与其自然率水平之差,实际工资缺口是
黏性均衡时的实际工资与自然率水平时的实际工资之差。

$$\hat{y}_{kt} = y_{kt} - y_{kt}^n, \quad k \in \{c, H\} \tag{4.36}$$

$$\hat{rw}_{kt} = rw_{kt} - rw_{kt}^n, \quad k \in \{c, H\} \tag{4.37}$$

其中,$\hat{y}_{kt}$是两部门的产出缺口;y_{kt}是两部门黏性均衡时的产出水平;
y_{kt}^n是两部门的自然率水平;$\hat{rw}_{kt}$是两部门黏性均衡时的实际工资缺口;
rw_{kt}是两部门的实际工资;rw_{kt}^n是两部门实际工资的自然率水平。

在对家庭非耐用消费品工资最优选择方程进行对数线性化以后,
得到以下方程:

$$w_{ct+k|t} = (1-\beta\theta_c^w)\sum_{k=0}^{\infty}(\beta\theta_c^w)^k(\phi_c n_{ct+k|k} + c_{t+k} + p_{ct+k}) \tag{4.38}$$

其中,$w_{ct+k|t}$是家庭h选择的最优非耐用消费品工资,由于所有能够
重新调整工资的家庭都将会选择相同的工资,因此只用讨论调整工资
的代表性家庭;$n_{ct+k|t}$是调整工资家庭在非耐用消费品部门的就业;
c_{t+k}是所有本国家庭在t期选择的最优非耐用消费品。由于存在完备的
资本市场,经济系统在达到黏性均衡时,所有的家庭都实现了完全的
风险分担,将会选择相同数量的非耐用消费品存量和耐用消费品存量,
p_{ct+k}是本国非耐用消费品的价格指数。由于调整工资家庭的非耐用消
费品部门的劳动力需求与部门工资有关,因此,对劳动力打包厂商进
行对数线性化,可得到:

$$n_{ct+k|t} = -\varepsilon_{wc}(w_{ct+k|t} - w_{ct+k}) + n_{ct+k} \tag{4.39}$$

其中，w_{ct+k} 是 $t+k$ 期的本国的名义工资指数。将非耐用消费品部门的劳动力需求代入家庭的最优工资方程，得到：

$$w_{ct+k|t} = (1-\beta\theta_c^w)\sum_{k=0}^{\infty}(\beta\theta_c^w)^k\big[-\varepsilon_{wc}\varphi_c(w_{ct+k|t}-w_{ct+k})+n_{ct+k}+c_{t+k}+p_{t+k}\big]$$

$$(4.40)$$

再利用非耐用消费品厂商的生产函数，得到非耐用消费品部门就业与产出的关系，同时由非耐用消费品部门的市场出清可知 $c_{t+k}=y_{ct+k}$，将式（4.40）化简后可得

$$(1+\varphi_c\varepsilon_{wc})(w_{ct+k|t}-w_{ct}) = \frac{1-\beta\theta_c^w}{1-\beta\theta_c^w L^{-1}}\big[(1+\varphi_c)y_{ct}-rw_{ct}-a_{ct}\big] \quad (4.41)$$

其中，L 是表示时间序列数据的滞后算子，$L(a_t)=a_{t-1}$。由于非耐用消费品工资指数是所有家庭名义工资的 CES 函数加总，但是在任何一期，所有的家庭都能够划分为调整工资的家庭和不调整工资的家庭两部分，而所有调整工资的家庭都会选择相同的工资，根据大数定律，家庭选择的非耐用消费品最优工资和总的非耐用消费品工资指数之间存在以下关系：

$$w_{ct}^{1-\varepsilon_{pc}} = \big[(1-\theta_{pc})w_{ct+k|t}+\theta_{pc}w_{ct-1}\big]^{1-\varepsilon_{pc}} \quad (4.42)$$

在灵活价格与灵活工资均衡时，非耐用消费品部门的产出和工资存在以下关系：

$$(1+\varphi_c)y_{ct}^n - rw_{ct}^n = a_{ct} \quad (4.43)$$

将式（4.42）和式（4.43）代入非耐用消费品工资方程，能够得到非耐用消费品部门的名义工资的菲利普斯曲线：

$$\pi_{ct}^w = \beta E_t(\pi_{ct+1}^w)+\kappa_{wc}\,\hat{y}_{ct}-\lambda_{wc}\,\hat{rw}_{ct} \quad (4.44)$$

其中，λ_{wc} 和 κ_{wc} 是模型结构参数的函数：

$$\lambda_{wc} = \frac{(1-\theta_{wc})(1-\beta\theta_{wc})}{(1+\varphi_c\varepsilon_{wc})\theta_{wc}} \quad (4.45)$$

$$\kappa_{wc} = (1+\varphi_c)\lambda_{wc} \quad (4.46)$$

从非耐用消费品部门的名义工资的菲利普斯曲线可以看出，名义

工资当期的通货膨胀水平与家庭对未来名义工资通货膨胀水平的预期正相关。如果家庭预期未来名义工资通货膨胀水平上升，那么当期通货膨胀水平将会上升，产出缺口和实际工资缺口与名义工资通货膨胀之间的关系，和模型的结构参数有关。如果取一些常用的结构参数，就会发现产出缺口与名义工资通货膨胀水平正相关。如果当期的产出高于自然率水平，非耐用消费品厂商对劳动力存在过度需求，在劳动力市场出清的条件下，家庭同时会提供高于自然率水平的劳动力，因此会向厂商要求过高的工资，提高了当期的名义工资通货膨胀水平。如果实际工资缺口上升，提高了非耐用消费品厂商的实际边际成本，抑制了厂商对就业的需求，均衡时的名义工资水平下降，降低了当期的名义工资通货膨胀。通过类似的方式，能够得到耐用消费品部门名义工资的菲利普斯曲线：

$$\pi_{Ht}^w = \beta E_t(\pi_{Ht+1}^w) + \sigma_c\lambda_{wH}\,\hat{y}_{ct} + \kappa_{wH}\,\hat{y}_{Ht} - \lambda_{wH}(\hat{rw}_{Ht} + q_t) \quad (4.47)$$

其中，$\hat{y}_{Ht}$ 是耐用消费品厂商的产出缺口；q_t 是本国耐用消费品相对价格的偏离；λ_{wH} 和 κ_{wH} 是模型结构参数的函数：

$$\lambda_{wH} = \frac{(1-\beta\theta_{wH})(1-\theta_{wH})}{\theta_{wH}(1+\varphi_H)} \quad (4.48)$$

$$\kappa_{wH} = \varphi_c\lambda_{wH} \quad (4.49)$$

本国耐用消费品部门的名义工资通货膨胀水平除了受到本部门产出缺口的影响，还会与非耐用消费品部门的产出缺口相关。非耐用消费品部门的产出缺口越大，说明均衡时家庭对非耐用消费品的需求越高，增加了家庭对耐用消费品的需求，对部门名义工资通货膨胀水平的影响类似于耐用消费品产出缺口上升。耐用消费品与非耐用消费品的价格也会影响耐用消费品部门的名义工资通货膨胀水平，相对价格的上涨，抑制了耐用消费品产出的需求，间接降低了耐用消费品部门的名义工资通货膨胀水平。

对非耐用消费品产生的最优价格选择方程进行对数线性化以后，

得到以下等式：

$$p_{ct+k|t} = (1-\beta\theta_c^p) \sum_{k=0}^{\infty} (\beta\theta_c^p)^k (mc_{ct+k|t} + p_{ct+k}) \tag{4.50}$$

其中，$p_{ct+k|t}$ 是调整价格的非耐用消费品厂商选择的最优价格；p_{ct+k} 是 $t+k$ 期的非耐用消费品价格指数；$mc_{ct+k|t}$ 是调价厂商的实际边际成本。调价厂商的实际边际成本 $mc_{ct+k|t}$ 和非耐用消费品部门总的实际边际成本 mc_{t+k} 之间有以下关系：

$$mc_{ct+k|t} = rw_{t+k} - a_{t+k} = mc_{t+k}$$

将上式代入非耐用消费品厂商的最优价格方程，并使用滞后算子 L，能够得到：

$$p_{ct+k|t} = \frac{1-\beta\theta_c^p}{1-\beta\theta_c^p L^{-1}} (mc_{ct+k|t} + p_{ct+k})$$

$$= \frac{1-\beta\theta_c^p}{1-\beta\theta_c^p L^{-1}} (mc_{t+k} + p_{ct+k} + a_{ct+k} - rw_{ct+k}) \tag{4.51}$$

根据非耐用消费品厂商的生产函数，以及非耐用消费品厂商调价和当期价格指数的关系，当期价格水平是所有非耐用消费品厂商价格的 CES 函数加总，但厂商又分为可以调整价格和无法调整价格两个部分，由于调整价格的厂商都会选择相同的价格，因此，根据大数定律，得到以下等式：

$$p_{ct}^{1-\varepsilon_{pc}} = [(1-\theta_{pc})p_{ct+k|t} + \theta_{pc}p_{ct-1}]^{1-\varepsilon_{pc}} \tag{4.52}$$

将以上各式代入非耐用消费品厂商最优价格选择条件，并进行整理，得到非耐用消费品价格的菲利普斯曲线：

$$\pi_{ct}^p = \beta E_t(\pi_{ct+1}^p) + \lambda_{pc} \hat{rw}_{pc} \tag{4.53}$$

其中，λ_{pc} 是模型结构参数的函数，其定义为

$$\lambda_{pc} = \frac{(1-\beta\theta_{pc})(1-\theta_{pc})}{\theta_{pc}}$$

从非耐用消费品价格的菲利普斯曲线可以看出，当期的非耐用消费品价格通货膨胀水平和以下因素有关：家庭预期下一期的价格通货

膨胀水平、非耐用消费品部门的产出缺口和实际工资缺口。如果预期下一期非耐用消费品的通货膨胀水平上升，厂商在这一期调整产品价格以后，在下一期只有 $1-\theta_{pc}$ 的概率会重新选择价格，因此调价厂商会相应地提高当期价格，提高了当期的通货膨胀水平。非耐用消费品部门的产出缺口和实际工资缺口对价格通货膨胀水平的影响与模型的结构参数有关。当采用新凯恩斯主义经济学模型常用的参数时，发现它们对价格通货膨胀的边际影响都是正相关的。由于厂商生产函数规模递减，产出缺口上升，迫使厂商去雇佣更多的劳动力，提高了厂商的边际成本，提升了非耐用消费品的价格水平。实际工资缺口的上升，会增加厂商的实际边际成本，提高非耐用消费品的价格通货膨胀水平。

通过相同的方式得到本国耐用消费品部门的价格通货膨胀水平：

$$\pi_{Ht}^{p} = \beta E_t(\pi_{Ht+1}^{p}) + \lambda_{pH}\,\hat{rw}_{Ht} \qquad (4.54)$$

其中，λ_{pH} 是模型结构参数的函数，其定义为

$$\lambda_{pH} = \frac{(1-\beta\theta_{pH})(1-\theta_{pH})}{\theta_{pH}}$$

与非耐用消费品的价格通货膨胀一样，耐用消费品的价格通货膨胀也与预期的耐用消费品 PPI 通货膨胀、耐用消费品的产出缺口和耐用消费品的实际工资缺口有关，后二者和当期耐用消费品价格通货膨胀正相关。两部门的实际工资和名义工资之间的关系为 $rw_{kt} = w_{kt} - p_{kt}$，对其取一阶差分，有以下关系式：

$$\hat{rw}_{kt} = \hat{rw}_{kt-1} + \pi_{kt}^{w} - \pi_{kt}^{p} - (rw_{kt}^{n} - rw_{kt-1}^{n}) \qquad (4.55)$$

其中，rw_{kt}^{n} 是实际工资的自然率水平。

在基准模型中，价格和工资等名义变量能够影响产出和就业等实际变量，这给央行的货币政策选择提供了可能。社会中存在两个价格黏性（π_{ct}^{p} 和 π_{Ht}^{p}），但是在有关耐用消费品模型货币政策分析的文献中，货币政策更多关注的是非耐用消费品价格调整后的名义利率，同时定义了社会总的价格通货膨胀水平、工资通货膨胀水平和社会总的产出

缺口（π_t^p、π_t^w 和 $\hat{y}_t$），其中，$\pi_t^p = \psi_c \pi_{ct}^p + \psi_H \pi_{Ht}^p$，$\pi_t^w = \psi_c \pi_{ct}^w + \psi_H \pi_{Ht}^w$，$\hat{y}_t = \psi_c \hat{y}_{ct} + \psi_H (\hat{y}_{Ht} + q_t)$。$\psi_c$ 是非耐用消费品部门产出在本国总产出中所占的比重，ψ_H 是耐用消费品部门产出在本国总产出中所占的比重。

本书讨论了不同形式的货币政策，并基于社会福利函数分析了不同政策的福利效果。央行可采用如下形式的泰勒法则（Engel and Wang，2011）：

$$i_t = \gamma_i i_{t-1} + \gamma_\pi \pi_t + \gamma_{y,1} \hat{y}_t + \gamma_{y,2} \hat{y}_{t-1} + \varepsilon_{it} \qquad (4.56)$$

其中，i_t 是短期的无风险利率；γ_i、γ_π、$\gamma_{y,1}$ 和 $\gamma_{y,2}$ 分别是利率对上期利率、总价格通货膨胀率、当期总产出缺口和上期总产出缺口的反应系数；ε_{it} 是当期名义利率的外生冲击，各期相互独立，且服从方差为 σ_i 的标准正态分布。

4.4 参数校准

4.4.1 家庭和厂商的结构参数

经济系统中的结构参数主要由四部分构成，分别是描述家庭效用函数的结构参数、描述厂商生产函数特征的参数、描述价格黏性和工资黏性的参数，以及描述两国两部门外生技术冲击过程及其相关性的结构参数。

模型的时间单位是季度，因此选择家庭的主观贴现因子为 0.99，表示经济系统在达到确定性稳态时的实际年利率是 4%，虽然在不同的经济周期和新凯恩斯主义经济学模型中略有差别，但主观贴现因子的取值范围相差并不大，稳态时的年利率大都保持在 3%～4%。本国耐用消费品存量产生的效用和外国耐用消费品存量产生的效用是可加的，耐用消费品对实际利率波动的跨期替代弹性是1，表明耐用消费品受实际利率的影响很大。上述参数的选择与经济周期实证文献的取值大致相同。φ_c 和 φ_H 分别是非耐用消费品部门和耐用消费品部门劳动供给弹性的倒数，由于现有文献对 Frisch 劳动供给弹性的取值范围是［0.2，0.7］，因此选择两部门的劳动供给弹性都是 0.2，所以 φ_c 和 φ_H 的取值都是 5。γ 是本国耐用消费品在家庭总耐用消费品存量中的比重，将 0.5 作为模型的基准，即在基准模型中，本国家庭并不存在对本国耐用消费品的本国偏好。ϕ 是家庭在调整耐用消费品存量时产生的调整成本系数，与投资调整成本的作用类似（Christiano，Eichenbaum，and Evans，2005）。δ 是耐用消费品的折旧率，在现实经济中，耐用品通常包括两大部分，根据研究传统，将最终用于生产的耐用品称为资本品，最终用于家庭消费的耐用品称为耐用消费品，有学者发现，二者通常具有不同的折旧率，如 Erceg 等（2008）与 Engel 等（2011）都认为资本品的季度折旧率是 0.013，年折旧率是 0.03，而耐用消费品的季度折旧率是 0.05，相应的年折旧率是 0.20。由于本书只讨论耐用消费品对货币政策选择的影响，因此 δ 的取值是 0.05。

4.4.2　价格黏性和工资黏性的结构参数

价格黏性和工资黏性作为新凯恩斯主义货币经济学最常见的名义摩擦，相关参数已经在大量的文献中被估计和应用。本章将综合现有的文献，以及耐用消费品自身的特征，选择其参数校准值。对于非耐用消费品的生产厂商而言，假定差异化中间产品的替代弹性是 6，即在稳态时的边际成本加成是 1.2，与 Erceg 等（2008）的取值相同，稍高于替代弹性为 10 的情形。对于耐用消费品中间产品厂商、非耐用消费品部门的劳动力和耐用消费品部门的劳动力，假定替代弹性也都是 6，相应的稳态时的价格边际成本加成和工资加成都是 1.2。为了更好地分析不同货币政策的福利损失，政府对两部门厂商的价格和家庭在两部门的工资进行补贴，消除产品市场和劳动力市场因垄断竞争而造成的扭曲，最大化产出和就业的稳态值，以及其自然率水平，从而能够基于帕累托最优时的资源配置，判断货币政策的福利效应。

基准模型中不仅存在着中间产品和劳动力市场上的垄断竞争扭曲，而且也存在着价格黏性和工资黏性等名义摩擦。虽然政府的财政补贴可以消除垄断竞争的扭曲，但无法消除价格黏性和工资黏性造成的社会资源的次优配置，因此需要同时采用货币政策，尽可能地消除名义摩擦造成的资源配置扭曲。在 Calvo 的黏性机制以外，有很多文献通过价格调整成本（Price Adjustment Cost）和工资调整成本（Wage Adjustment Cost）的方式，引入价格黏性和工资黏性。虽然黏性的机制不同，但是在对厂商和家庭的最优条件进行对数线性化以后，二者都能够得到新凯恩斯主义经济学模型中极为重要的菲利普斯曲线，用于描述价格和工资通货膨胀的动态性质。

在新凯恩斯主义经济学模型框架中研究耐用消费品的文献虽然不多，但多数学者都认为非耐用消费品部门的价格黏性较高，而耐用消费品部门的价格黏性较低。与这一经济现实对应，假定非耐用消费品厂商每期只有 0.75 的概率可以重新调整价格，即平均每个厂商一年能够调整一次价格。虽然非耐用消费品和耐用消费品两部门厂商价格的黏性程度不同，但是假定两部门工资的黏性程度完全一致，与非耐用消费品的价格黏性程度一样，θ_{wc} 和 θ_{wH} 都取值 0.75，即家庭平均每年调整一次非耐用消费品工资和耐用消费品工资。

4.4.3　外生冲击的结构参数

Erceg 等（2008）使用风险价值法估计了美国非耐用消费品部门和耐用消费品部门的经济现实，以及两部门的技术冲击过程。所以，本章也采用他们的估计值。但是，在开放经济中，相同部门的全要素生产率冲击是否存在溢出效应，并未得到统一的答案。Kollman（2002）使用美国和欧盟的数据进行估计，认为美国和欧盟之间技术冲击的相关系数仅为 0.03。Corsetti 等（2008b）将产品进一步分解为贸易品和非贸易品，发现部门异质性导致技术冲击之间存在显著的差异。例如，贸易品部门的技术溢出效应为 −0.06，而非贸易品的技术溢出效应为 0.01。因此，假定相同部门的技术冲击并不存在跨国的溢出效应。

除了货币政策冲击，经济中还存在四个外生技术冲击过程，分别是本国非耐用消费品部门的技术冲击、本国耐用消费品部门的技术冲击、外国非耐用消费品部门的技术冲击和外国耐用消费品部门的技术冲击，分别服从以下一阶向量自回归过程：

$$A_t = \Xi A_{t-1} + \Sigma_t \tag{4.57}$$

其中，$A_t = [a_{ct}, a_{Ht}, a_{ct}^*, a_{Ft}^*]'$ 是一个 4×4 的向量；Ξ 是一个 4×4 的矩阵，表示部门技术冲击和其自身以及其他部门滞后技术冲击的相关性；Σ_t 是四个外生技术冲击的方差-协方差矩阵，根据 Erceg 等（2006）的传统，令各个部门技术冲击只与自己的一期滞后值相关，而且本国和外国相同部门的一阶自相关系数完全相同。

$$\Xi = \begin{bmatrix} 0.87 & & & \\ & 0.9 & & \\ & & 0.87 & \\ & & & 0.9 \end{bmatrix} \tag{4.58}$$

矩阵中非对角线元素的取值都为 0。外生冲击的方差-协方差矩阵为

$$\Sigma_t = \begin{bmatrix} \sigma_{ac}^2 & \rho_{cH}\sigma_{ac}\sigma_{aH} & 0 & 0 \\ \rho_{cH}\sigma_{ac}\sigma_{aH} & \sigma_{aH}^2 & 0 & \rho_{HH}\sigma_{aH}^2 \\ 0 & 0 & \sigma_{ac}^2 & \rho_{cH}\sigma_{ac}\sigma_{aH} \\ 0 & \rho_{HH}\sigma_{aH}^2 & \rho_{cH}\sigma_{ac}\sigma_{aH} & \sigma_{aH}^2 \end{bmatrix}$$

其中，σ_{ac} 是本国非耐用消费品部门技术冲击的标准差。假定两国相同部门外生技术冲击的标准差完全相同，所以外国非耐用消费品部门外生技术冲击的标准差也是 σ_{ac}。σ_{aH} 是本国和外国耐用消费品部门技术冲击的标准差。由于一国内部的非耐用消费品部门和耐用消费品部门之间的技术冲击存在相关系数，因此令 ρ_{cH} 表示二者的相关系数。非耐用消费品部门的技术冲击不存在跨国溢出，所以 $\rho_{cc}=0$。令 ρ_{HH} 表示耐用消费品部门技术冲击的跨国溢出效应，并且取值是 0.258。表 4.2 总结了模型结构参数的选取。

表 4.2 模型结构参数

参数	取值	经济学含义
β	0.99	家庭的主观贴现因子
δ	0.05	耐用消费品的折旧率
φ_c、φ_H	5	Frisch 劳动供给弹性是 0.2
ϕ	600	耐用消费品存量的调整成本系数
α	0.23	耐用消费品在本国家庭总消费中的比重
γ	0.5	稳态时，本国耐用消费品在总耐用消费品存量中的比重
θ_{pc}	0.75	不能调价的非耐用消费品厂商的比例
θ_{pH}	0.5	不能调价的耐用消费品厂商的比例
θ_{wc}	0.75	不能调整工资的非耐用消费品家庭的比例
θ_{wH}	0.75	不能调整工资的耐用消费品家庭的比例
ε_{pc}、ε_{pH}、ε_{wc}、ε_{wH}	6	稳态时，两部门厂商的加成是 1.2
ρ_c	0.87	非耐用消费品部门技术冲击的自相关系数
ρ_H	0.90	耐用消费品部门技术冲击的自相关系数
σ_{ac}	0.0096	非耐用消费品部门技术冲击的标准差
σ_{aH}	0.036	耐用消费品部门技术冲击的标准差
ρ_{cH}	0.29	本国非耐用消费品和耐用消费品技术冲击的相关系数
ρ_{cc}	0	两国非耐用消费品部门技术冲击的相关系数
ρ_{HH}	0.258	两国耐用消费品部门技术冲击的相关系数
ε_{it}	0.0035	本国和外国货币政策冲击的标准差

4.4.4 灵活经济均衡时的动态随机性质

由于当经济实现灵活价格与灵活工资时，所有资源的配置都达到了帕累托最优状态，经济系统的福利不存在任何的帕累托改进。因此，将灵活经济均衡时的福利水平作为比较的基准，并用于分析央行部门不同货币政策的福利损失。在本小节中，通过脉冲响应函数和预测误差方差分解的方法，分析外生技术冲击对资源配置的影响机制及传导路径。在灵活经济均衡时，为了引入名义利率和非耐用消费品部门的价格通货膨胀，引入央行的货币政策规则。假定两国的货币政策部门在灵活经济均衡时，都执行以下的货币政策：

$$i_t = \rho_i \pi_{ct} + \varepsilon_{it} \qquad (4.59)$$

$$i_t^* = \rho_i \pi_{ct}^* + \varepsilon_{it}^* \qquad (4.60)$$

当本国的全要素生产率提高时，本国家庭的非耐用消费品就业的实际工资上升，增加了家庭的财富收入，由于工资上升的收入效应大于替代效应，因此家庭的非耐用消费品部门的就业时间下降，但最终由于全要素生产率的上升幅度远远高于就业的下降幅度，最终本国的非耐用消费品产出上升。

非耐用消费品产出和消费的增加，并未影响到家庭对本国和外国耐用消费品的购买，以及持有的本国和外国耐用消费品的存量。在前文中已经讲到，家庭对耐用消费品存量的需求，主要受到三个因素的影响，分别是当期家庭对非耐用消费品的需求、外国耐用消费品的用户成本以及耐用消费品存量的调整成本。在其他条件给定的情形下，非耐用消费品的需求上升，将会促进家庭购买本国和外国的耐用消费品，增加持有的耐用消费品存量，而相对价格的上升，又会减少家庭对耐用消费品的需求。从而对非耐用消费品的需求上升，但是由于相对价格上升，推高家庭持有耐用消费品的用户成本，这两种效应刚好抵消，因此非耐用消费品的技术冲击不会改变家庭的耐用消费品存量。因此，本国和外国耐用消费品的存量变化很小，本国耐用消费品部门的就业也基本没有什么变化。由于当期非耐用消费品的全要素生产率上升，本国家庭预期未来的非耐用消费品产出会低于现在的水平，因此会降低现期的非耐用消费品需求，更多地进行储蓄，用于未来的消费，因此本国的实际利率会下降，而实际利率的下降会导致本国货币在短期内急剧贬值，甚至会调整到低于稳态值水平，即出现汇率超调，并在接下来的几期回到稳态值水平。由于两国的耐用消费品部门的技术、就业和产出都几乎没有发生任何变化，因此本国贸易条件的变动也很小。

在对称的两国开放经济模型中，由于价格和汇率等名义变量不会对实际资源的配置产生任何的影响，因此得到了类似于 Erceg 等（2006）的封闭经济的情形，即本国非耐用消费品部门的技术冲击完全不会影响耐用消费品部门。这一机制的出现完全依赖于非耐用消费品和耐用消费品在家庭效用函数中是可加的，而且家庭在两部门的劳动力无法自由流动。

当本国耐用消费品部门的技术水平上升时，耐用消费品的产出上升，但是和非耐用消费品生产率上升的情形不同，最终的耐用消费品部门的就业并没有下降。原因在于，在开放经济中，本国和外国的耐用消费品在效用函数中都表现为对数形式，因此二者之间不存在任何替代，本国家庭对耐用消费品存量的需求，只与价格水平有关。由于两国之间都实现了贸易均衡，所以本国产出的上升恶化了本国的贸易条件，相同数量的本国耐用消费品只能交换到更少的外国耐用消费品。虽然耐用消费品部门的实际工资上升，增加了家庭的收入，但是家庭的实际收入却没有显著的上升，所以本国耐用消费品部门的就业保持不变，并没有明显的下降。本国家庭对本国耐用消费品存量的需求上升，但是由于贸易条件的恶化，提高了外国耐用消费品的用户成本，因此本国家庭持有的外国耐用消费品明显下降。外国的非耐用消费品部门并未受到本国耐用消费品生产率变化的影响,产出和就业变化不大,但是外国耐用消费品部门的产出和就业却明显下降。外国耐用消费品部门产出和就业的下降,同时改变了家庭在耐用消费品部门劳动力的边际替代率和边际成本。对于外国的边际替代率而言,就业的减少降低了耐用消费品部门劳动力的边际替代率,减少了家庭对耐用消费品名义工资所能购买的非耐用消费品的数量;但是由于外国耐用消费品生产函数的规模报酬不变,因此就业的下降反而增加了该部门的实际工资,最终导致了外国耐用消费品相对价格的下降,增加了外国家庭对外国耐用消费品的需求,同时由于外国贸易条件的改善,即 S_t 上升,本国耐用消费品的用户成本下降。所以,外国家庭对本国和外国耐用消费品的持有量同时增加。

虽然本国和外国耐用消费品的相对价格都有所下降,但是二者的原因却有所不同。本国相对价格下降的原因在于,耐用消费品部门生产率的提高,增加了本国耐用消费品的产出和厂商的边际成本,因此厂商会降低产品的价格,所以本国耐用消费品的相对价格必然下降。外国耐用消费品相对价格的下降,是由于贸易条件的改善降低了本国和外国家庭对外国耐用消费品的需求,外国耐用消费品部门的产出和就业下降,导致了外国耐用消费品相对价格的下降。本国耐用消费品相对价格的下降,减少了本国和外国家庭持有本国耐用消费品的用户成本。贸易条件的改善增加了本国家庭持有外国耐用消费品的用户成本。外国耐用消费品相对价格的下降,减少了外国家庭持有外国耐用消费品的用户成本,导致外国家庭增加了持有的外国耐用消费品的存量。

与本国非耐用消费品部门技术冲击的影响相同,两国耐用消费品的产出和家庭持有的耐用消费品的存量都不受非耐用消费品生产率的影响。技术水平上升,增加了外国非耐用消费品的产出,但是由于财富效应大于替代效应,因此外国非耐用消费品的就业是下降的。外国非耐用消费品就业的下降，提高了外国非耐用消费品的相对价格，但是非耐用消费品的需求减少将增加家庭对外国耐用消费品的需求，二者的作用正好抵消，所以外国耐用消费品的产出和存量没有发生任何变化。非耐用消费品产出的上升，降低了实际利率水平，这也导致了外国货币的短期贬值，在随后的各期逐渐恢复到稳态值水平。由于两国耐用消费品部门的变化很小，因此贸易条件也没有太大的改变。

外国耐用消费品技术水平的上升，增加了耐用消费品的产出。在国际产品市场出清和贸易平衡时，本国的贸易条件有所改善，本国家庭将会增加对外国耐用消费品的需求，外国家庭将减少对本国耐用消费品的需求，所以外国的耐用消费品产出上升，本国的耐用消费品产出下降，耐用消费品部门的就业下降。由于本国非耐用消费品部门的就业没有明显的变化，因此本国耐用消费品的相对价格下降，增加了本国家庭对本国耐用消费品的存量需求。外国非耐用消费品价格变化，使得耐用消费品厂商调低产品的价格，提高了外国耐用消费品的相对价格。本国耐用消费品相对价格的下降，降低了本国家庭持有外国耐用消费品的用户成本，而贸易条件的改善，也降低了本国家庭持有外国耐用消费品的用户成本。外国贸易条件的恶化，提高了外国家庭持有本国耐用消费品的用户成本，外国耐用消费品的相对价格下降，降低了外国耐用消费品的用户成本。本国贸易条件的改善，也推动了本币的进一步升值，所以汇率在短期内贬值，然后在未来各期逐渐回到稳态值水平。

然后使用预测误差方差分解的方法，研究不同外生技术冲击对不同经济变量波动的重要性，具体结果见表4.3。由于非耐用消费品只能用于国内消费，无法出口，所以非耐用消费品部门的相关变量主要受到国内非耐用消费品技术冲击的影响，如本国非耐用消费品部门的产出、就业和实际工资，完全受到国内非耐用消费品技术冲击的影响。从家庭对非耐用消费品的欧拉方程中，得到了社会的实际利率和名义利率，因此实际利率也完全受非耐用消费品技术冲击的影响。外国非耐用消费品的产出和就业，受非耐用消费品技术冲击的影响也类似。

表 4.3 灵活经济均衡时的方差分解　　　　　　　（单位：%）

外生冲击性质	ε_{ct}	ε_{Ht}	ε_{ct}^{*}	ε_{Ft}^{*}
本国经济变量				
本国家庭的本国耐用消费品存量	7.71	86.51	0.49	5.29
本国家庭的外国耐用消费品存量	0.56	3.43	8.12	87.89
当期购买的本国耐用消费品	7.10	81.05	1.00	10.83
当期购买的外国耐用消费品	0.86	5.75	7.90	85.50
非耐用消费品产出	100	0	0	0
耐用消费品产出	8.44	90.77	0.07	0.73
非耐用消费品就业	100	0	0	0
耐用消费品就业	0.16	2.93	8.19	88.72
非耐用消费品实际工资	100	0	0	0
耐用消费品实际工资	8.41	91.59	0	0
实际利率	100	0	0	0
本国家庭的本国耐用消费品用户成本	2.86	71.07	2.20	23.87
本国家庭的外国耐用消费品用户成本	2.04	8.72	7.54	81.69
本国耐用消费品的相对价格	0.53	83.95	1.31	14.21
外国经济变量				
外国家庭的本国耐用消费品存量	8.12	85.25	0.56	6.08
外国家庭的外国耐用消费品存量	0.49	8.29	7.71	83.51
当期购买的本国耐用消费品	7.90	81.97	0.86	9.28
当期购买的外国耐用消费品	1.00	15.03	7.10	76.87
非耐用消费品产出	0	0	100	0
耐用消费品产出	0.07	0.14	8.44	91.36
非耐用消费品就业	0	0	100	0
耐用消费品就业	8.19	89.95	0.16	1.70
非耐用消费品实际工资	0	0	100	0
耐用消费品实际工资	0	0.52	8.41	91.07
实际利率	0	0	100	0
外国家庭的本国耐用消费品用户成本	7.54	77.33	2.04	13.09
外国家庭的外国耐用消费品用户成本	2.20	30.05	2.86	64.89
外国耐用消费品的相对价格	1.31	19.21	0.53	78.94
贸易条件	4.52	42.07	4.52	48.90

耐用消费品能够进行国际贸易，这也是本国和外国之间风险分担和技术冲击传导的主要途径。本国家庭对两国耐用消费品存量的需求、本国耐用消费品的总产出和实际工资主要受到各自技术水平的影响。但是本国耐用消费品部门的就业却主要受到外国耐用消费品技术冲击的影响。本国耐用消费品的相对价格受技术冲击的影响程度最大，但是外国耐用消费品技术冲击也会影响本国的耐用消费品价格，其主要的作用途径是外国耐用消费品技术冲击通过增加外国的耐用消费品产出，改善了本国的贸易条件，降低了本国的就业率，影响了耐用消费品的边际替代率和实际边际成本，并最终改变了本国的相对价格。根据耐用消费品用户成本的定义，可知相对价格是影响用户成本的主要经济变量，因此本国耐用消费品技术冲击是影响本国耐用消费品用户成本的主要因素，而外国耐用消费品技术冲击是影响外国耐用消费品用户成本的主要因素。

在脉冲响应分析中，发现非耐用消费品的技术冲击是不会影响贸易条件的，但在方差分解中，两国非耐用消费品技术冲击对贸易条件的波动都是 4.52%。原因在于，在脉冲响应分析中，所有的技术冲击都是相互独立的。但是如果使用校准后的外生技术冲击的方差-协方差矩阵，本国的非耐用消费品技术冲击和耐用消费品技术冲击，以及两国的耐用消费品技术冲击之间都存在着相关性，所以非耐用消费品部门的技术冲击会影响贸易条件。

4.5 最优货币政策

在两国进行货币政策合作时，社会福利函数是两国家庭效用水平的加总。为了更好地计算不同货币政策的福利水平，采用 Rotemberg 等（1997）的方法，对两国家庭效用函数进行二阶逼近，得到社会福利函数，并计算其对灵活经济均衡时帕累托最优福利水平的偏离。

4.5.1　社会福利函数

本国家庭的一生贴现效用之和是

$$W_t = E_0 \left\{ \sum_{t=0}^{\infty} \beta^t \begin{bmatrix} (1-\alpha)\ln C_t + \alpha\gamma\ln \widetilde{D}_{Ht}(h) + \alpha(1-\gamma)\ln \widetilde{D}_{Ft}(h) - \\ \dfrac{N_{ct}(h)^{1+\varphi_c}}{1+\varphi_c} - \dfrac{N_{Ht}(h)^{1+\varphi_H}}{1+\varphi_H} \end{bmatrix} \right\}$$

$$(4.61)$$

那么可以将其分为两个不同的部分，分别为非耐用消费品部门的效用 W_{ct} 和耐用消费品部门的效用 W_{Ht}：

$$W_{ct} = E_0 \left\{ \sum_{t=0}^{\infty} \beta^t \left[(1-\alpha)\ln C_t - \frac{N_{ct}(h)^{1+\varphi_c}}{1+\varphi_c} \right] \right\} \qquad (4.62)$$

$$W_{Ht} = E_0 \left\{ \sum_{t=0}^{\infty} \beta^t \left[\alpha\gamma\ln \widetilde{D}_{Ht}(h) + \alpha(1-\gamma)\ln \widetilde{D}_{Ft}(h) - \frac{N_{Ht}(h)^{1+\varphi_H}}{1+\varphi_H} \right] \right\}$$

$$(4.63)$$

由于外国家庭的情形与之类似，因此主要对本国家庭的效用函数进行二阶逼近。虽然本国的每个家庭都选择各自最优的非耐用消费品和耐用消费品存量，但是由于存在完备的国际和国内资本市场，因此均衡时不同家庭之间可以实现完全的风险分担，可以省略消费品需求的家庭标识 h。由于家庭在劳动力市场上提供差异化的劳动，而且存在工资黏性，因此即使在黏性均衡的条件下，不同家庭也将提供不同的劳动，仍须保持劳动供给中家庭的标识。

对本国家庭效用函数中非耐用消费品部分进行二阶逼近，得到以下形式的社会福利函数：

$$\frac{W_{ct}-W_{ct}^*}{U'(C)Y}=-\frac{1}{2}\{x_1[(\hat{y}_{ct})^2+(\hat{y}_{ct}^*)^2]+x_2[(\pi_{ct}^w)^2+(\pi_{ct}^{w*})^2]+$$

$$x_3[(\pi_{ct}^p)^2+(\pi_{ct}^{p*})^2]\} \tag{4.64}$$

其中，Y 是确定性稳态时的非耐用消费品产出；$\hat{y}_{ct}$ 是黏性均衡时，非耐用消费品相对于自然率水平的产出缺口；π_{ct}^w 和 π_{ct}^{w*} 分别是本国和外国非耐用消费品部门的工资通货膨胀率，描述了非耐用消费品部门的家庭工资扩散程度；π_{ct}^p 和 π_{ct}^{p*} 是本国和外国非耐用消费品中间产品厂商的价格通货膨胀率，描述了本国非耐用消费品厂商的价格扩散程度。所以与封闭经济一样，家庭非耐用消费品部门的福利水平，依赖于部门产出缺口的方差，非耐用消费品中间产品厂商的价格扩散程度，以及差异化家庭劳动力的工资扩散程度，它们对福利水平的影响系数 x_1、x_2 和 x_3，依赖于模型的结构参数。

对本国和外国耐用消费品部门的效用函数进行二阶逼近，得到耐用消费品的社会福利函数，主要由三部分构成：第一部分与非耐用消费品社会福利函数一样，福利损失由耐用消费品产出相对其自然率水平的产出缺口、中间产品厂商的价格扩散程度和家庭差异劳动力的工资扩散程度决定；第二部分是由家庭的耐用消费品存量的变动引起的，这也是耐用消费品改变货币政策和福利水平的主要机制；第三部分是由于存在耐用消费品的调整成本，家庭在各期选择最优的耐用消费品时，因耐用消费品存量变化而造成的资源浪费而产生的福利损失。

将式（4.63）和式（4.64）联立，得到了两国进行货币政策合作时的社会福利函数，并将其作为目标函数，讨论央行的最优货币政策选择。

$$\frac{W_{Ht}-W_{Ht}^{n}}{U'(C)Y}$$

$$=-\frac{1}{2}\left\{\begin{array}{l} x_4\big[(\hat{y}_{Ht})^2+(\hat{y}_{Ht}^{*})^2\big]+x_5\big[(\pi_{Ht}^{w})^2+(\pi_{Ht}^{w*})^2\big]+ \\[4pt] x_6\big[(\pi_{Ht}^{p})^2+(\pi_{Ht}^{p*})^2\big]-x_7\big(n_{Ht}^{n}y_{Ht}+n_{Ft}^{n}y_{Ft}\big)- \\[4pt] x_8\big[(y_{Ht}^{H}-d_{Ht})^2-(y_{Ht}^{Hn}-d_{Ht}^{n})^2+ \\[4pt] (y_{Ft}^{F}-d_{Ft}^{*})^2-(y_{Ft}^{Fn}-d_{Ft}^{*n})^2\big]- \\[4pt] x_9\big[(y_{Ft}^{H}-d_{Ft})^2-(y_{Ft}^{Hn}-d_{Ft}^{n})^2+ \\[4pt] (y_{Ht}^{F}-d_{Ht}^{*})^2-(y_{Ht}^{Fn}-d_{Ht}^{*n})^2\big]+ \\[4pt] x_{10}\big[(\Delta d_{Ht+1})^2+(\Delta d_{Ft+1}^{*})^2-(\Delta d_{Ht+1}^{n})^2-(\Delta d_{Ft+1}^{*n})^2\big]+ \\[4pt] x_{11}\big[(\Delta d_{Ft+1})^2+(\Delta d_{Ht+1}^{*})^2-(\Delta d_{Ft+1}^{n})^2-(\Delta d_{Ht+1}^{*n})^2\big] \end{array}\right\}$$

$$(4.65)$$

其中，x_4、x_5、x_6、x_7、x_8、x_9、x_{10} 和 x_{11} 都是模型结构参数的函数。

$$x_1=(1-\alpha)(1+\varphi_c) \qquad x_2=(1-\alpha)\frac{\varepsilon_{wc}}{\lambda_{wc}}$$

$$x_3=(1-\alpha)\frac{\varepsilon_{pc}}{\lambda_{pc}} \qquad x_4=\alpha(1+\varphi_H)$$

$$x_5=\alpha\frac{\varepsilon_{wH}}{\lambda_{wH}} \qquad x_6=\alpha\frac{\varepsilon_{pH}}{\lambda_{pH}}$$

$$x_7=2\alpha(1+\varphi_H) \qquad x_8=\alpha\frac{(1-\delta)\gamma}{2}$$

$$x_9=\alpha\frac{(1-\delta)(1-\gamma)}{2} \qquad x_{10}=\alpha\frac{\phi\gamma[1-\beta(1-\delta)]}{2\beta\delta}$$

$$x_{11}=\alpha\frac{\phi(1-\gamma)[1-\beta(1-\delta)]}{2\beta\delta}$$

4.5.2 最优货币政策的社会福利

在得到两国货币政策合作的社会福利函数以后，在两国私人部门（包括家庭和厂商）的最优行为之下，选择两部门的产出缺口、价格通货膨胀和名义工资通货膨胀，最大化世界的福利水平，得到两国合作时的最优货币政策。

当本国非耐用消费品技术水平上升时，最优的货币政策稳定了本国的非耐用消费品和耐用消费品的产出缺口，与此同时两部门的价格水平和名义工资水平都有所下降。由于本国耐用消费品的用户成本主要受相对价格及实际利率的影响，因此本国耐用消费品的用户成本波动很小，但是外国耐用消费品的用户成本还会受到贸易条件的影响。

由于本国非耐用消费品只能用于本国家庭消费，非耐用消费品需求的上升会同时增加本国家庭对本国生产的耐用消费品和外国生产的耐用消费品的需求。与完全的非耐用消费品经济不同，最优货币政策时的名义利率并没有下降，原因是耐用消费品存量的波动会造成社会福利水平的大幅损失，为了抑制非耐用消费品需求上升对两国耐用消费品需求的影响，央行维持了利率的自然率水平。一方面，提高了持有耐用消费品的机会成本；另一方面，根据无抛补的利率平价理论，稳定了汇率和贸易条件，降低了家庭对外国耐用消费品存量的需求。由于贸易条件和名义汇率波动之间存在密切的关系，因此最优货币政策时的贸易条件波动也很小。

当两国央行分别钉住该国的耐用消费品产出缺口时，由于只有耐用消费品可以进行国际贸易，所以上述货币政策在稳定耐用消费品产出的同时，根据两国的贸易平衡，两国的贸易条件处于自然率水平，汇率的波动也很小。当本国的非耐用消费品的技术水平上升时，由于价格黏性和工资黏性的存在，非耐用消费品的产出会低于自然率水平，非耐用消费品的产出缺口会下降。但是由于耐用消费品一直位于其自然率水平，因此耐用消费品存量的上升增加了家庭对非耐用消费品的需求，所以，非耐用消费品也处于自然率水平。因此，如果两国之间仅存在耐用消费品贸易，钉住耐用消费品产出的同时也会消除非耐用消费品产出缺口。当两部门同时处于自然率水平时，本国耐用消费品和外国耐用消费品的用户成本，以及实际利率水平的波动都很小。在这一货币政策下，主要经济变量的波动与最优货币政策的波动很接近。

当两国央行采用钉住工资价格加权的通货膨胀水平时，数值模拟结果表明经济变量的脉冲响应函数都存在巨大的不同。可以发现，两部门的工资通货膨胀水平上升，而价格通货膨胀水平下降，家庭的实际工资水平上升，一方面促使家庭增加劳动供给，另一方面收入水平的上升也提高了家庭的消费需求。生产率和就业水平的共同作用，增加了本国非耐用消费品部门的产出，因此非耐用消费品的产出缺口上升，比其自然率水平高了 4%。

非耐用消费品的增加以及名义利率的下降，也增加了对本国和外国耐用消费品存量的需求，本国耐用消费品部门实际工资的上升促进了该部门的就业，并且使得本国耐用消费品的产出缺口也有所上升，比其自然率水平高了 1%，是非耐用消费品波动的 2.5 倍，这与 Erceg 等（2006）关于封闭经济中两部门波动率的论断相一致，本国耐用消费品产出的增加幅度更大，导致本国耐用消费品的相对价格下降。

根据式（4.32）所描述的贸易平衡，本国耐用消费品产出的上升改善了贸易条件，导致外国耐用消费品的相对价格上升，抑制了家庭对外国耐用消费品存量的需求。本国贸易条件的改善，同时增加了外国对本国耐用消费品的需求，这也是导致本国耐用消费品产出缺口大幅上涨的主要原因。

为了对比分析福利效果，在表 4.4 中列出了不同货币政策条件时，主要经济变量的波动率。当两国央行采用稳定耐用消费品产出的货币政策时，本国非耐用消费品和两国耐用消费品的波动率都与最优货币政策时的波动率极为接近，而外国非耐用消费品的波动率也仅比最优货币政策时的波动率高了 0.1012。最终的福利效果方面，稳定耐用消费品产出的福利损失上升到了 16.1908，是最优货币政策时的 21 倍左右。但是当两国央行稳定工资与价格的加权通货膨胀水平时，发现所有部门产出的波动率都明显增加。

表 4.4 不同货币政策的波动率和福利比较

货币政策	非耐用消费品		耐用消费品		福利损失
	本国	外国	本国	外国	
最优货币政策	0.0449	0.0519	0.0532	0.0762	0.7548
稳定耐用消费品产出	0.0413	0.1531	0.0778	0.0786	16.1908
稳定工资通货膨胀与价格通货膨胀	0.1907	1.4793	0.4631	0.4720	48.3990

Gali（2008）认为，当经济中同时存在价格通货膨胀与工资通货膨胀时，央行需要在实际经济变量（产出和实际工资）与名义经济变量（名义价格和名义工资）之间进行权衡。在两国的基准模型中，稳定工资与价格通货膨胀的货币政策仅仅熨平了名义变量的波动，而并未考虑上述权衡关系。因此，名义变量的充分稳定，直接导致了实际变量的过度波动，造成了社会福利的极大损失。在表 4.4 中，稳定通货膨胀时的福利损失是最优货币政策时的 60 多倍。

4.6　本章小结

本章在两国两部门的开放经济宏观经济模型中，引入了耐用消费品贸易，并主要探究了它对两国货币政策合作收益的影响。在得到家庭和厂商的最优条件之后，对两国家庭效用函数进行二阶逼近，得到了两国货币政策合作的目标函数，然后在私人部门最优行为的约束条件下，得到了最优货币政策所需满足的关系。

为了更好地对比分析不同货币政策下的福利效果，在最优货币政策以外，还给出了两种货币政策，一种是两国央行钉住该国的耐用消费品产出，另一种是两国央行分别钉住该国的工资与价格加权通货膨胀。发现耐用消费品产出缺口对社会福利水平的影响很大。因此，如果央行采用的货币政策能够很好地熨平耐用消费品部门的产出波动，将会显著提高这一货币政策下的社会福利收益。因此，钉住耐用消费品产出的货币政策，很好地逼近了最优货币政策的福利效果。然而，当两国央行选择钉住加权通货膨胀水平（名义工资和名义价格的加权平均）时，意味着两国央行忽略了在蕴含黏性价格与黏性工资的经济中，实际变量和名义变量的权衡关系（Gali，2008）。所以，两国央行在稳定名义变量的同时，加剧了实际产出，特别是耐用消费品产出的波动，增加了货币政策合作的福利损失。因此，在耐用消费品贸易加强时，两国央行只需重点考虑如何稳定耐用消费品的产出，就可以很好地提升社会福利水平。

第 5 章

结论与进一步研究的问题

5.1 主要结论

在新开放经济宏观经济学的框架内，重点研究了与货币政策有关的三个问题。第一，在引入汇率不完全传递效应贸易顺差以后，央行的货币政策是否考虑了人民币汇率，以及我国开放经济波动的特征。第二，当发展中国家与发达国家的生产函数和劳动力市场存在差异时，两国进行货币政策合作是否存在额外的收益。第三，在蕴含耐用消费品贸易的两国两部门开放经济中，耐用消费品是否会影响货币政策合作时的社会福利水平。

第 2 章讨论了第一个问题。基于小型开放经济的模型，使用我国的实际 GDP、CPI 通货膨胀、名义利率和净出口额等数据，进行了贝叶斯估计，发现了以下重要结论：首先，我国央行的货币政策考虑了人民币汇率的波动，名义利率对汇率波动的反应系数为 0.0633。与此同时，名义利率还会对 CPI 通货膨胀和产出缺口做出反应，它们的反应系数分别是 1.5216 和 0.2210。但是短期利率的平滑特征并不明显，平滑系数仅为 0.2442。其次，汇率不完全传递效应明显增加了实际汇率的波动。与汇率完全传递的经济相比，实际汇率的波动率从 2.2896 上升到 2.4536，所以汇率不完全传递效应有可能弥补开放经济宏观经济模型低估实际汇率波动的缺陷。再次，汇率不完全传递效应改变了外生技术冲击对贸易条件的影响，世界需求冲击对贸易条件波动的解释程度上升至 99.82%，导致外部冲击对我国经济波动的影响产生了巨大的变化。世界需求冲击是导致名义利率、实际汇率和一价定律缺口的主要因素，而世界通货膨胀冲击很好地解释了我国的 CPI 通货膨胀、本国商品通货膨胀和进口商品通货膨胀。我国央行的货币政策主要用于熨平外部冲击的影响。最后，国内冲击对我国经济波动也有一定的影响，技术冲击解释了我国产出波动的 54.05%，货币政策冲击解释了名义利率波动的 87.22%。技术进步是我国短期经济增长的重要原因，而名义利率水平的波动更多是由货币政策的不确定性引起的。

在开放经济中，两国之间的货币政策是否需要合作，合作是否存在收益，以及合作收益的大小与哪些因素有关，是新开放经济宏观经济学研究的重点问题。第 3 章基于两国开放经济模型，对上述问题进行了初步探讨。与现有的研究文献相比，第 3 章的开放经济模型具有以下特征：基准模型中同时蕴含了价格黏性和工资黏性，这给央行的货币政策选择带来了新的权衡。这是因为在同时含有价格黏性和工资黏性的封闭经济中，央行的最优货币政策无法实现帕累托最优配置。在开放经济中引入工资黏性，必将对两国货币政策合作收益产生巨大的影响。除此之外，在模型中引入劳动力要素投入比重的国际差异，发现劳动力在发展中国家与发达国家之间的要素贡献程度存在明显的不同。基准模型将这一生产函数的差异性纳入开放经济模型中，分析其对货币政策合作收益水平的影响。通过对模型的结构参数进行校准，得到了以下主要结论。首先，在只含有价格黏性的两国开放经济模型中，当家庭的风险规避系数等于 1 时，两国并不存在货币政策的合作收益。但是基于同样的模型，在引入了工资黏性以后发现上述结论发生了改变。即使家庭的风险规避系数等于 1，依然存在着货币政策的合作收益。

其次，劳动力要素投入比重的差异，确实会影响货币政策合作的额外收益。但是在对劳动力投入比重差异进行敏感性分析之后，并没有得到它与合作收益之间存在规律性的结论。虽然本章得出了劳动力投入差异对货币政策合作存在影响，但是否存在规律性的结论，还需要进一步研究。

最后，通过分析经济变量的脉冲响应函数，探究了货币政策产生额外收益的内在机制。在纳什货币政策的机制下，由于两国央行仅考虑该国的经济变量波动，因此当本国受到外生技术冲击时，外国并不会考虑技术冲击的溢出效应。但是在进行货币政策合作时，如果本国的技术水平上升，外国也会对此做出政策的调整。例如，在政策冲击初期，由于本国央行操纵了贸易条件，本国产出下降，当两国进行货币政策合作时，外国的产出会明显上升，避免两国家庭消费的下降。在技术冲击后期，本国的产出上升，外国的产出却逐渐回到了它的初始状态，因此在整个经济波动期间，使两国家庭的消费波动最小化了。然而，当两国央行不进行货币政策合作时，产出不存在这种协调互补的关系。

第 4 章在两国两部门开放经济模型中，讨论了耐用消费品贸易对两国货币政策合作收益的影响。耐用消费品对最优货币政策选择的影响，在封闭经济中已有文献进行了分析（Erceg and Levin，2006），但是在开放经济中尚无文献就这一问题进行研究。许多经济学家在对金融危机时的国际贸易进行分析后，发现耐用消费品贸易的下降是导致国际贸易衰退的主要因素，因此研究它对货币政策合作收益的影响显得尤为重要。除了两国央行的最优货币政策，还给定了两种货币政策规则，对比分析了不同货币政策下的社会福利水平。通过参数的校准和模拟，得到了以下主要结论。首先，发现耐用消费品贸易能够显著增加货币政策合作时的收益。随着耐用消费品折旧率的上升,进行货币政策合作时的福利收益随之下降,原因在于折旧率的上升降低了名义利率对耐用消费品用户成本的影响,货币政策的调控作用也随之减弱。

其次,还考虑了其他两个模型参数——耐用消费品在家庭总消费中的比重和本国耐用消费品在总耐用消费品需求中的比重,对货币政策合作收益的影响。由于只有耐用消费品可以进行国际贸易,因此上述两个参数共同描述了本国对外开放的程度。当耐用消费品在家庭总消费中的比重越高,以及本国耐用消费品在总耐用消费品中的比重越低时,本国经济的开放程度越高,此时进行货币政策合作时的福利收益越高。因此本书认为,伴随着耐用消费品在国际贸易中的比重不断上升,不同国家之间更有必要进行货币政策的合作。

最后,发现钉住耐用消费品部门产出的货币政策规则,很好地逼近了最优货币政策的社会福利水平。因为耐用消费品在经济周期中的波动率是非耐用消费品的 2.5~3 倍,所以熨平耐用消费品产出波动是提高社会福利水平的有效途径。但是在封闭经济中却认为,钉住工资与价格加权通货膨胀的简单货币政策,能够很好地逼近最优货币政策,钉住差异化部门的通货膨胀,反而会增加部门的福利损失。

5.2 不足之处与进一步研究的问题

虽然本书就开放经济的三个问题取得了一些研究成果,但是依然存在不足,以及需要进一步研究和完善的问题。主要有以下几个方面。

第一,虽然第 2 章在蕴含汇率不完全传递效应和贸易顺差的开放经济模型中取得了一定的研究成果,但是仍然存在需要进一步解决的问题。首先,假定国际资本市场是完备的,所有国家的消费者可以购买 Arraw-Debreu 证券,实现风险完全分担。但是在现实经济中,国际金融市场往往是不完备的,Benigno(2009)、De Paoli(2009)和 Chang 等(2015)分别从理论上探讨了不完备资本市场对货币政策选择的影响。因此,在不完备资本市场的经济中,估计我国央行的货币政策规则和经济波动特征是值得重点研究的问题。其次,由于对模型进行了适度简化,样本中只包含四个观测序列。但是开放经济的实证文献通常包含多个观测序列和外生技术冲击,如 Lubik 等(2005)使用了七个观测序列,侯克强等(2009)引入了八个经济变量观测序列。所以,在本书模型的基础上,引入工资黏性、家庭消费习惯等新的摩擦和名义利率、进出口总额等新的观测变量,是否会影响估计结果,需要进一步研究。第 3 章在两国开放经济中引入了工资黏性以及劳动力要素投入比重差异,并将后者作为发展中国家与发达国家的主要差异。但是二者在其他方面也都存在显著差异。这些差异是否会影响国际货币政策合作收益,并探究背后的跨国传导机制,是需要进一步研究的重要问题。第 4 章将耐用消费品贸易引入开放经济中,讨论了它对货币政策合作收益的影响。但是由于分析方法的局限,并没有讨论两国货币政策进行纳什博弈的情形。如果能够像第 3 章同时计算出纳什货币政策与合作货币政策时本国的社会福利水平,进而得到耐用消费品对货币政策合作额外收益的影响,在为央行提供货币政策时更具说服力。

第二,当前,随着国际金融市场的一体化程度不断加深,中国不断推出 RQFII 和 RQDII,以及实施"沪港通""深港通"与"沪伦通"等诸多创新,表明中国不断融入全球金融市场。但是,国际金融一体化在分散各国风险、降低本国异质性风险的同时(马勇、王芳,2018),也放大了国际金融危机在不同国家之间的传染(Devereux and Yu,2020)。Rey(2013)和 Miranda-Agrippino 等(2020)指出国际金融市场中的跨境资本流动、资产价格、金融杠杆率和风险溢价之间都有很强的相关性，但国别因素的解释能力十分有限，某些全球因子才是导致上述现象的关键要素。因此，从全球金融周期视角出发，讨论国际金融市场波动对我国经济的跨国传染效应，分析其背后的经济机制，并从宏观审慎政策与货币政策相互协调配合的角度提出建议，从而为防范化解系统性金融风险提供一定借鉴。

第三，2008 年金融危机后，各国政府和学术界开始关注不确定性冲击与经济周期的关系，特别是不确定性是否放大了金融危机对全球经济的影响（Bloom，2009，2014；Stein and Stone，2010）。近几年，由于贸易摩擦、战争、大宗商品价格波动等事件的发生，学术界再次掀起了不确定性与经济波动关系的研究热潮（Caldara，Cavallo，and Iacoviello，2019；毛其淋，2020；罗大庆、傅步奔，2020），主要包括：不确定性的内涵与测度、不确定性与经济波动、不确定性与宏观调控政策。因此，在世界不确定性因素显著增加，全球经济复苏乏力的大背景下，研究不确定性冲击与中国经济的关系能够为统筹实现"六稳"工作，守住不发生系统性风险的底线，提供更多有价值的参考建议。在坚定不移推进高水平对外开放的使命下，深入研究不确定性冲击下的调控政策优化，能够助力中国经济高质量发现和实现"两个一百年"奋斗目标。

参考文献

曹伟，申宇，2013. 人民币汇率传递、行业进口价格与通货膨胀：1996—2011 [J]. 金融研究（10）：68 - 80.

侯克强，陈万华，2009. 开放小国经济的货币政策传导机制 [J]. 世界经济（8）：51 - 67.

李浩，钟昌标，2008. 贸易顺差与我国的实际经济周期分析：基于开放的 RBC 模型研究 [J]. 世界经济（9）：60 - 65.

刘亚，李伟平，杨宇俊，2008. 人民币汇率变动对我国通胀的影响：汇率传递视角的研究 [J]. 金融研究（3）：28 - 41.

罗大庆，傅步奔，2020. 中国货币政策不确定性对宏观经济的影响：基于混合货币政策规则的分析 [J]. 世界经济文汇（4）：13 - 30.

骆永民，伍文中，2012. 房产税改革与房价变动的宏观经济效应：基于 DSGE 模型的数值模拟分析 [J]. 金融研究（5）：1 - 14.

黄志刚，2009. 加工贸易经济中的汇率传递：一个 DSGE 模型分析 [J]. 金融研究（11）：32 - 48.

黄志刚，2011. 货币政策与贸易不平衡的调整 [J]. 经济研究（3）：32 - 47.

金中夏，洪浩，2015. 国际货币环境下利率政策与汇率政策的协调 [J]. 经济研究（5）：35 - 47.

马勇，陈雨露，2014. 经济开放度与货币政策有效性：微观基础与实证分析 [J]. 经济研究（3）：35 - 46.

马勇，王芳，2018. 金融开放、经济波动与金融波动 [J]. 世界经济（2）：20 - 44.

毛其淋，2020. 贸易政策不确定性是否影响了中国企业进口？[J]. 经济研究（2）：

148-164.

梅冬州，龚六堂，2011. 新兴市场国家的汇率制度选择 [J]. 经济研究（11）：73-88.

梅冬州，赵晓军，2015. 资产互持与经济周期跨国传递 [J]. 经济研究（4）：62-76.

梅冬州，赵晓军，张梦云，2012. 贸易品类别与国际经济周期协动性 [J]. 经济研究（S2）：144-155.

梅冬州，杨友才，龚六堂，2013. 货币升值与贸易顺差：基于金融加速器效应的研究 [J]. 世界经济（4）：3-21.

施建淮，傅雄广，2010. 汇率传递理论文献综述 [J]. 世界经济（5）：3-26.

王君斌，郭新强，2014. 经常账户失衡、人民币汇率波动与货币政策冲击 [J]. 世界经济（8）：42-69.

张卫平，2012. 货币政策理论：基于动态一般均衡方法 [M]. 北京：北京大学出版社.

郑挺国，郭辉铭，2012. 开放经济下的货币政策与经济波动的动态分析 [J]. 数量经济研究（2）：11-31.

ADOLFSON M，2007. Incomplete Exchange Rate Pass-through and Simple Monetary Policy Rules [J]. Journal of International Money and Finance，26（3）：468-494.

ADOLFSON M，LASEEN S，LINDE J，et al.，2007. Bayesian Estimation of an Open Economy DSGE Model with Incomplete Pass-through [J]. Journal of International Economics，72（2）：481-511.

ADOLFSON M，LASEEN S，LINDE J，et al.，2008. Evaluating an Estimated New Keynesian Small Open Economy Model [J]. Journal of Economic Dynamics and Control，32（8）：2690-2721.

BACKUS D K，KEHOE P J，KYDLAND F E，1992. International Real Business Cycles [J]. Journal of Political Economy，100（4）：745-775.

BARSKY R，HOUSE C，KIMBALL M，2007. Sticky Price Models and Durable Goods [J]. American Economic Review，97（3）：984-998.

BENIGNO G，BENIGNO P，2003. Price Stability in Open Economies [J]. The Review of Economic Studies, 70 (4): 743 – 764.

BENIGNO G, BENIGNO P, 2008. Exchange Rate Determination under Interest Rate Rules [J]. Journal of International Money and Finance, 27 (6): 971 – 993.

BENIGNO P, 2009. Price Stability with Imperfect Financial Integration [J]. Journal of Money, Credit and Banking, 41: 121 – 149.

BLANCHARD O, GALI J, 2007. Real Wage Rigidities and the New Keynesian Model [J]. Journal of Money, Credit and Banking, 39 (S1): 35 – 66.

BLANCHARD O, KAHN C, 1980. The Solution of Linear Difference Models under Rational Expectations [J]. Econometrica, 48 (5): 1305 – 1311.

BLOOM N, 2009. The Impact of Uncertainty Shocks [J]. Econometrica, 77 (3): 623 – 685.

BLOOM N, 2014. Fluctuations in Uncertainty [J]. Journal of Economic Perspectives, 28 (2): 153 – 176.

BODENSTEIN M, GUERRIERI L, LABRIOLA J, 2019. Macroeconomic Policy Games [J]. Journal of Monetary Economics, 101: 64 – 81.

BOILEAU M, 1999. Trade in Capital Goods and the Volatility of Net Exports and the Terms of Trade [J]. Journal of International Economics, 48 (2): 347 – 365.

BOUAKEZ H, CARDIA E, RUGE-MURCIA F J, 2011. Durable Goods, Intersectoral Linkages and Monetary Policy [J]. Journal of Economic Dynamics and Control, 35 (5): 730 – 745.

CALDARA D, CAVALLO M, IACOVIELLO M, 2019. Oil Price Elasticities and Oil Price Fluctuations [J]. Journal of Monetary Economics, 103: 1 – 20.

CALVO G, 1983. Staggered Prices in a Utility-maximizing Framework [J]. Journal of Monetary Economics, 12 (3): 383 – 398.

CANZONERI M, GRAY J, 1985. Monetary Policy Games and the Consequences of Non-cooperative Behavior [J]. International Economic Review, 26 (3): 547 – 564.

CANZONERI M B, CUMBY R E, DIBA B T, 2005. The Need for International Policy Coordination: What's Old, What's New, What's Yet to Come? [J]. Journal of International Economics, 66 (2): 363 – 384.

CARLSTROM C T, FUERST T S, 2010. Nominal Rigidities, Residential Investment, and Adjustment Costs [J]. Macroeconomic Dynamics, 14 (1): 136 - 148.

CHANG C, LIU Z, SPIEGEL M M, 2015. Capital Controls and Optimal Chinese Monetary Policy [J]. Journal of Monetary Economics, 74: 1 - 15.

CHANG C, CHEN K, WAGGONER D, et al., 2016. Trends and Cycles in China's Macroeconomy [J]. NBER Macroeconomics Annual, 30 (1): 1 - 84.

CHETTY R, GUREN A, MANOLI D, et al., 2011. Are Micro and Macro Labor Supply Elasticities Consistent? A Review of Evidence on the Intensive and Extensive Margins [J]. American Economic Review, 101 (3): 471 - 475.

CHRISTIANO L, EICHENBAUM M, EVANS C, 2005. Nominal Rigidities and the Dynamic Effects of a Shock to Monetary Policy [J]. Journal of Political Economy, 113 (1): 1 - 45.

CHUGH K S, 2006. Optimal Fiscal and Monetary Policy with Sticky Wages and Sticky Prices [J]. Review of Economic Dynamics, 9 (4): 683 - 714.

CLARIDA R, GALI J, GERTLER M, 2002. A Simple Framework for International Monetary Policy Analysis [J]. Journal of Monetary Economics, 49 (5): 879 - 904.

COLLARD F, DELLAS H, 2002. Exchange Rate Systems and Macroeconomic Stability [J]. Journal of Monetary Economics, 49 (3): 571 - 599.

CORSETTI G, DEDOLA L, LEDUC S, 2008a. International Risk Sharing and the Transmission of Productivity Shock [J]. The Review of Economic Studies, 75 (2): 443 - 473.

CORSETTI G, DEDOLA L, LEDUC S, 2008b. International Dimension of Productivity and Demand Shocks in the US Economy [J]. Journal of the European Economic Association, 12 (1): 153 - 176.

CORSETTI G, PESENTI P, 2001. Welfare and Macroeconomic Interdependence [J]. Quarterly Journal of Economics, 116 (2): 421 - 445.

CORSETTI G, PESENTI P, 2005. International Dimensions of Optimal Monetary Policy [J]. Journal of Monetary Economics, 52 (2): 281 - 305.

De PAOLI B, 2009. Monetary Policy under Alternative Asset Market Structures: The Case of a Small Open Economy [J]. Journal of Money, Credit and Banking, 41 (7): 1301 - 1330.

DEVEREUX M, ENGEL C, 2003. Monetary Policy in the Open Economy Revisited: Price Setting and Exchange Rate Flexibility [J]. The Review of Economic Studies, 70 (4): 765 - 783.

DEVEREUX M, ENGEL C, 2007. Expending Switching Versus Real Exchange Rate Stabilization: Competing Objectives for Exchange Rate Policy [J]. Journal of Monetary Economics, 54 (8): 2346 - 2374.

DEVEREUX M, SHI K, XU J, 2007. Global Monetary Policy under a Dollar Standard [J]. Journal of International Economics, 71 (1): 113 - 132.

DEVEREUX M, YU C, 2020. International Financial Integration and Crisis Contagion [J]. The Review of Economic Studies, 87 (3): 1174 - 1212.

ENGEL C, 2011. Currency Misalignments and Optimal Monetary Policy: A Reexamination [J]. American Economic Review, 101 (6): 2796 - 2822.

ENGEL C, 2016. International Coordination of Central Bank Policy [J]. Journal of International Money and Finance, 67: 13 - 24.

ENGEL C, WANG J, 2011. International Trade in Durable Goods: Understanding Volatility, Cyclicality and Elasticities [J]. Journal of International Economics, 83 (1): 37 - 52.

ERCEG C, HENDERSON D, LEVIN A, 2000. Optimal Monetary Policy with Staggered Wage and Price Contracts [J]. Journal of Monetary Economics, 46 (2): 281 - 313.

ERCEG C, LEVIN A, 2006. Optimal Monetary Policy with Durable Consumption Goods [J]. Journal of Monetary Economics, 53 (7): 1341 - 1359.

ERCEG C, GUERRIER L, GUST C, 2008. Trade Adjustment and the Composition of Trade [J]. Journal of Economic Dynamics and Control, 32 (8): 2622 - 2650.

FUJIWARA I, WANG J, 2017. Optimal Monetary Policy in Open Economies, Revisited [J]. Journal of International Economics, 108: 300 - 314.

FRIEDMAN M, 1953. The Case for Flexible Exchange Rates [J]. Exchange Rate Economics, 23 (32): 511 – 521.

GALI J, 2008. Monetary Policy, Inflation, and the Business Cycle: An Introduction to the New Keynesian Framework [M]. New Jersey: Princeton University Press.

GALI J, MONACELLI T, 2005. Monetary Policy and Exchange Rate Volatility in a Small Open Economy [J]. The Review of Economics Studies, 72 (3): 707 – 734.

GALI J, MONACELLI T, 2008. Optimal Monetary and Fiscal Policy in a Currency Union [J]. Journal of International Economics, 76 (1): 116 – 132.

HODRICK R, PRESCOTT E, 1997. Postwar U. S. Business Cycles: An Empirical Investigation [J]. Journal of Money, Credit, and Banking, 29 (1): 1 – 16.

HUANG K, LIU Z, 2006. Sellers 'Local Currency Pricing or Buyers' Local Currency Pricing: Does it Matter for International Welfare Analysis? [J]. Journal of Economic Dynamics and Control, 30 (7): 1183 – 1213.

KLEIN P, 2000. Using the Generalized Schur Form to Solve a Multivariate Linear Rational Expectations Mode [J]. Journal of Economic Dynamics and Control, 24 (10): 1405 – 1423.

KOLLMANN R, 2002. Monetary Policy Rules in the Open Economy Effects on Welfare and Business Cycles [J]. Journal of Monetary Economics, 49 (5): 989 – 1015.

KYDLAND F, PRESCOTT E, 1982. Time to Build and Aggregate Fluctuations [J]. Econometrica, 50 (6): 1345 – 1370.

LEVCHENKO A, LEWIS L, TESAR L, 2010. The Collapse of International Trade During the 2008 – 09 Crisis: In Search of the Smoking Gun [J]. IMF Economic Review, 58 (2): 214 – 253.

LIU Z, PAPPA E, 2008. Gains From International Monetary Policy Coordination: Does It Pay to be Different? [J]. Journal of Economic Dynamics and Control, 32 (7): 2085 – 2117.

LUBIK T, SCHORFHEIDE F, 2005. A Bayesian Look at New Open Economy Macroeconomics [J]. NBER Macroeconomics Annual, 20: 313 – 366.

LUBIK T, SCHORFHEIDE F, 2007. Do Central Banks Respond to Exchange Rate

Movements? A Structural Investigation [J]. Journal of Monetary Economics, 54
(5): 1069 – 1087.

MCCALLUM B, NELSON E, 1999. Nominal Income Targeting in an Open-econo-
my Optimizing Market [J]. Journal of Monetary Economics, 43 (3): 553 – 578.

MIRANDA-AGRIPPINO S, REY H, 2020. U. S. Monetary Policy and the Global
Financial Cycle [J]. The Review of Economic Studies, 87 (4): 2754 – 2776.

MONACELLI T, 2005. Monetary Policy in a Low Pass-through Environment [J].
Journal of Money, Credit and Banking, 37 (6): 1047 – 1066.

MONACELLI T, 2009. New Keynesian Models, Durable Goods, and Collateral
Constraints [J]. Journal of Monetary Economics, 56 (2): 242 – 254.

NASH J, 1951. Non-cooperative Games [J]. Annals of Mathematics, 54 (2): 286 – 295.

OBSTFELD M, ROGOFF K, 1995. Exchange Rate Dynamics Redux [J]. Journal
of Political Economy, 103 (3): 624 – 660.

OBSTFELD M, ROGOFF K, 2000. New Directions for Stochastic Open Economy
Models [J]. Journal of International Economics, 50 (1): 117 – 153.

OBSTFELD M, ROGOFF K, 2002. Global Implications of Self-oriented National
Monetary Rules [J]. The Quarterly Journal of Economics, 117 (2): 503 – 535.

OBSTFELD M, ROGOFF K, HELPMAN E, et al. , 2002. Risk and Exchange
Rates [M] //Contemporary Economic Policy: Essays in Honor of Assaf
Razin. Cambridge: Cambridge Universiy Press.

OUDIZ G, SACHS J, 1984. Macroeconomic Policy Coordination among the Indus-
trial Economies [J]. Brookings Papers on Economic Activity, 1: 1 – 64.

PAPPA E, 2004. Do the ECB and the Fed Really Need to Cooperate? Optimal Mone-
tary Policy in a Two-country World [J]. Journal of Monetary Economics, 51
(4): 753 – 779.

PETRELLA I, ROSSI R, SANTORO E, 2019. Monetary Policy with Sectoral
Trade-offs [J]. Scandinavian Journal of Econmics, 121: 55 – 88.

RAVN M, SCHMITT-GROHE S, URIBE M, 2006. Deep Habits [J]. The Re-
view of Economic Studies, 73 (1): 195 – 218.

RABITSCH K, 2012. The Role of Financial Market Structure and the Trade Elasticity for Monetary Policy in Open Economies [J]. Journal of Money, Credit and Banking, 44 (4): 603 – 629.

REY H, 2013. Dilemma not Trilemma: The Global Financial Cycle and Monetary Policy Independence [J]. Federal Reserve Bank of Kansas City Economic Policy Symposium: 1 – 2.

ROTEMBERG J, WOODFORD M, 1997. An Optimization-based Econometric Framework for the Evaluation of Monetary Policy [J]. NBER Macroeconomics Annual, 12: 297 – 346.

SHI K, XU J, 2010. Intermediate Goods Trade and Exchange Rate Pass-through [J]. Journal of Macroeconomics, 32 (2): 571 – 583.

SIMS C, 2002. Solving Linear Rational Expectations Models [J]. Computational Economics, 20 (1): 1 – 20.

SMETS F, WOUTERS R, 2007. Shocks and Frictions in US Business Cycles: A Bayesian DSGE Approach [J]. American Economic Review, 97 (3): 586 – 607.

STEIN L, STONE E, 2010. The Effect of Uncertainty on Investment, Hiring, and R&D: Causal Evidence from Equity Options [J/OL]. SSRN Electronic Journal. DOI: 10. 2139/ssrn. 1649108.

TAYLOR J, 1993. Discretion Versus Policy Rules in Practice [J]. Carnegie-Rochester Conference Series on Public Policy, 39: 195 – 214.

TAYLOR J, 2001. The Role of the Exchange Rate in Monetary-Policy Rules [J]. American Economic Review, 91 (2): 263 – 267.

UHLIG H, 1999. A Toolkit for Analyzing Nonlinear Dynamic Stochastic Models Easily [C] // MARIMON R, SCOTT A. Computational Methods for the Study of Dynamic Economies. Oxford: Oxford University Press: 30 – 61.

WANG C, ZOU H F, 2013. On the Efficiency of Monetary and Fiscal Policy in Open Economies [J]. Annals of Economics and Finance, 14 (1): 179 – 206.

WARNER A, 1994. Does World Investment Demand Determine US Exports [J]. The American Economic Review, 84 (5): 1409 – 1422.

WOODFORD M, 2003. Interest and Prices: Foundations of a Theory of Monetary Policy [M]. Princeton: Princeton University Press.

附　录

附录 A　第 3 章附录

A.1　工资扩散和价格扩散二阶逼近

根据名义工资指数的定义

$$W_t = \left[\int_0^1 W_t(h)^{1-\varepsilon_w} \mathrm{d}h \right]^{\frac{1}{1-\varepsilon_w}} \tag{A.1}$$

可以将其改写为

$$
\begin{aligned}
1 &= \int_0^1 \left(\frac{W_t(h)}{W_t} \right)^{1-\varepsilon_w} \mathrm{d}h \\
&= \int_0^1 \exp\left[(1-\varepsilon_w)(w_t(h) - w_t) \right] \mathrm{d}h \\
&= 1 + \int_0^1 \left[(1-\varepsilon_w)(w_t(h) - w_t) + \frac{(1-\varepsilon_w)^2}{2}(w_t(h) - w_t)^2 \right] \mathrm{d}h
\end{aligned}
\tag{A.2}
$$

根据式（A.2），可以得到：

$$\int_0^1 (w_t(h) - w_t) \mathrm{d}h = \frac{\varepsilon_w - 1}{2} \int_0^1 (w_t(h) - w_t)^2 \mathrm{d}h \tag{A.3}$$

当将名义工资指数仅展开到一阶时，能够得到：

$$w_t = \int_0^1 w_t(h) \mathrm{d}h \tag{A.4}$$

其中，w_t 是 t 期所有家庭名义工资的均值，根据式（A.3）和方差的定义，能够得到以下关系：

$$\int_0^1 (w_t(h) - w_t)^2 \mathrm{d}h = \int_0^1 (w_t(h) - \int_0^1 w_t(h)\mathrm{d}h)^2 \mathrm{d}h = \Delta_t^w \quad (A.5)$$

根据厂商名义价格的定义，本国的 PPI 是差异化厂商价格的 CES 函数加总，即

$$P_{Ht} = \left[\int_0^1 P_{Ht}(f)^{1-\varepsilon_p} \mathrm{d}f\right]^{\frac{1}{1-\varepsilon_p}} \quad (A.6)$$

将式（A.6）进行改写，得到：

$$1 = \int_0^1 \left(\frac{P_{Ht}(f)}{P_{Ht}}\right)^{1-\varepsilon_p} \mathrm{d}f$$

$$= \int_0^1 \exp[(1-\varepsilon_p)(p_{Ht}(f) - p_{Ht})]\mathrm{d}f$$

$$= 1 + \int_0^1 \left[(1-\varepsilon_p)(p_{Ht}(f) - p_{Ht}) + \frac{(1-\varepsilon_p)^2}{2}(p_{Ht}(f) - p_{Ht})^2\right]\mathrm{d}f$$

$$(A.7)$$

根据式（A.7）可以得到：

$$\int_0^1 (p_{Ht}(f) - p_{Ht})\mathrm{d}f = \frac{\varepsilon_p - 1}{2}\int_0^1 (p_{Ht}(f) - p_{Ht})^2 \mathrm{d}f \quad (A.8)$$

如果将 PPI 仅展开到一阶时，有

$$p_{Ht} = \int_0^1 p_{Ht}(f)\mathrm{d}f$$

因此，p_{Ht} 是差异化中间产品厂商价格的跨厂商均值，将此式代入式（A.8）中，可以得到：

$$\int_0^1 (p_{Ht}(f) - p_{Ht})\mathrm{d}f = \frac{\varepsilon_p - 1}{2}\int_0^1 (p_{Ht}(f) - \int_0^1 p_{Ht}(f)\mathrm{d}f)^2 \mathrm{d}f$$

$$= \frac{\varepsilon_p - 1}{2}\Delta_t^p \quad (A.9)$$

$$d = \int_0^1 \exp\left[-\frac{\varepsilon_p}{1-\alpha}(p_{Ht}(f) - p_{Ht})\right]\mathrm{d}f$$

$$= \int_0^1 \left[1 - \frac{\varepsilon_p}{1-\alpha}(p_{Ht}(f) - p_{Ht}) + \frac{\varepsilon_p^2}{2(1-\alpha)^2}(p_{Ht}(f) - p_{Ht})^2\right]\mathrm{d}f$$

$$= 1 + \frac{(1-\alpha)\varepsilon_p + \varepsilon_p^2}{2(1-\alpha)^2}\Delta_t^p \quad (A.10)$$

A.2　灵活价格与灵活工资时产出与技术冲击的关系

在本国灵活价格与灵活工资时的经济系统均衡中，根据式（3.36）和式（3.37），可知家庭消费、就业、本国贸易条件与全要素生产率之间存在以下关系：

$$\sigma c_t^n + \phi n_t^n = a_t - \alpha n_t^n - \gamma s_t^n \tag{A.11}$$

根据贸易条件与两国相对产出的关系得到：

$$s_t^n = y_t^n - y_t^{n*} \tag{A.12}$$

根据本国厂商的生产函数，本国产出、就业和全要素生产率之间存在以下关系：

$$n_t^n = \frac{y_t^n - a_t^n}{1 - \alpha} \tag{A.13}$$

当灵活价格与灵活工资时，本国产出和外生技术冲击之间存在以下关系：

$$\left[\frac{1+\phi}{1-\alpha} - (1-\gamma)(1-\sigma)\right]y_t^n + (\sigma-1)\gamma y_t^{n*} = \frac{1+\phi}{1-\alpha}a_t \tag{A.14}$$

采用相同的方法，可以得到灵活价格与灵活工资时，外国产出与其外生技术冲击之间的关系：

$$\left[\frac{1+\phi}{1-\alpha^*} - \gamma(1-\sigma)\right]y_t^{n*} + (\sigma-1)(1-\gamma)y_t^n = \frac{1+\phi}{1-\alpha^*}a_t^* \tag{A.15}$$

在灵活价格与灵活工资时，技术冲击对产出的影响与以下几个要素关系密切：家庭的风险规避系数、劳动供给弹性以及劳动力要素投入比重。需要强调的是，劳动力要素投入比重越大，外生技术冲击对产出的影响越小。

A.3　纳什最优货币政策的求解

为了便于计算，首先对本国社会福利函数及其约束条件的系数进

行简化，令

$$\lambda_p \equiv -\frac{(1-\beta\theta_p)(1-\theta_p)}{\theta_p}\frac{1-\alpha}{1-\alpha+\alpha\varepsilon_p}$$

$$\kappa_p \equiv \lambda_p\left(\frac{\alpha}{1-\alpha}+\gamma\right)$$

$$\chi_p = \lambda_p\gamma$$

$$\lambda_w \equiv \frac{(1-\beta\theta_w)(1-\theta_w)}{\theta_w(1+\phi\varepsilon_w)}$$

$$\kappa_w \equiv \lambda_w\left[\frac{\phi}{1-\alpha}+\sigma(1-\gamma)\right]$$

$$\chi_w \equiv \lambda_w\sigma\gamma$$

$$V \equiv \frac{1+\phi}{1-\alpha}+(\sigma-1)(1-\gamma)$$

本国纳什最优货币政策问题的拉格朗日表达式为

$$\mathscr{L}=\sum_{t=0}^{\infty}\beta^t\left\{\begin{array}{l}\frac{1-\gamma}{2}\left[V\hat{y}_t^2+\frac{\varepsilon_p}{\lambda_p}\pi_{Ht}^2+\frac{(1-\alpha)\varepsilon_w}{\lambda_w}\pi_{wt}^2\right]+\\[2mm]\eta_t^1(\beta\pi_{Ht+1}+\kappa_p\hat{y}_t-\chi_p\hat{y}_t^*+\lambda_p\hat{w}_t-\pi_{Ht})+\\[2mm]\eta_t^2(\beta\pi_{wt+1}+\kappa_w\hat{y}_t+\chi_w\hat{y}_t^*-\lambda_w\hat{w}_t-\pi_{wt})+\\[2mm]\eta_t^3\left[\begin{array}{l}\hat{w}_t-\pi_{wt}+\pi_{Ht}+\gamma(\hat{y}_t-\hat{y}_t^*)+w_t^n-\\w_{t-1}^n-\hat{w}_{t-1}+\gamma(y_t^n-y_t^{n*})\end{array}\right]\end{array}\right\}$$

模型的最优一阶条件是

$$\frac{\partial\mathscr{L}}{\partial\hat{y}_t}=\beta^t\left[\frac{1-\gamma}{2}(2V\hat{y}_t)+\eta_t^1\kappa_p+\eta_t^2\kappa_w+\eta_t^3\gamma\right]$$

$$\frac{\partial\mathscr{L}}{\partial\pi_{Ht}}=\beta^t\left[\frac{1-\gamma}{2}\left(2\frac{\varepsilon_p}{\lambda_p}\pi_{Ht}\right)-\eta_t^1+\eta_t^3+\eta_{t-1}^1\right]$$

$$\frac{\partial\mathscr{L}}{\partial\pi_{wt}}=\beta^t\left\{\frac{1-\gamma}{2}\left[2\frac{(1-\alpha)\varepsilon_w}{\lambda_w}\pi_{wt}\right]-\eta_t^2+\eta_t^3\right\}+\beta^{t-1}(\eta_{t-1}^2\beta)$$

$$\frac{\partial\mathscr{L}}{\partial\hat{w}_t}=\beta^t(\eta_t^1\lambda_p-\eta_t^2\lambda_w+\eta_t^3)-\beta^{t+1}\eta_{t+1}^3$$

经过整理后得到：

$$(1-\gamma)V\hat{y}_t + \eta_t^1\kappa_p + \eta_t^2\kappa_w + \eta_t^3\gamma = 0$$

$$(1-\gamma)\frac{\varepsilon_p}{\lambda_p}\pi_{Ht} - \eta_t^1 + \eta_t^3 + \eta_{t-1}^1 = 0$$

$$(1-\gamma)\frac{(1-\alpha)\varepsilon_w}{\lambda_w}\pi_{wt} - \eta_t^2 - \eta_t^3 + \eta_{t-1}^2 = 0$$

$$\eta_t^1\chi_p - \eta_t^2\chi_w + \eta_t^3 - \beta\eta_{t+1}^3 = 0$$

在外国纳什最优货币政策中，定义了以下系数：

$$\lambda_p^* \equiv -\frac{(1-\beta\theta_p^*)(1-\theta_p^*)}{\theta_p^*}\frac{1-\alpha^*}{1-\alpha^*+\alpha^*\varepsilon_p}$$

$$\kappa_p^* \equiv \lambda_p^*\left(\frac{\alpha^*}{1-\alpha^*}+1-\gamma\right)$$

$$\chi_p^* \equiv \lambda_p^*(1-\gamma)$$

$$\lambda_w^* \equiv \frac{(1-\beta\theta_w^*)(1-\theta_w^*)}{\theta_w^*(1+\phi\varepsilon_w^*)}$$

$$\kappa_w^* \equiv \lambda_w^*\left(\frac{\phi}{1-\alpha^*}+\sigma\gamma\right)$$

$$\chi_w^* \equiv \lambda_w^*\sigma(1-\gamma)$$

$$V^* \equiv \frac{1+\phi}{1-\alpha^*} - \gamma(1-\sigma)$$

外国纳什最优货币政策问题的拉格朗日表达式为

$$\mathscr{L}^* = \sum_{t=0}^{\infty}\beta^t \left\{ \begin{array}{l} \frac{\gamma}{2}\left[V^*\hat{y}_t^{*2} + \frac{\varepsilon_p^*}{\lambda_p^*}\pi_{Ft}^{*2} + \frac{(1-\alpha^*)\varepsilon_w^*}{\lambda_w^*}\pi_{wt}^{*2}\right] + \\ \nu_t^1(\beta\pi_{Ft+1}^* + \kappa_p^*\hat{y}_t^* - \chi_p^*\hat{y}_t + \lambda_p^*\hat{w}_t^* - \pi_{Ft}^*) + \\ \nu_t^2(\beta\pi_{wt+1}^* + \kappa_w^*\hat{y}_t^* + \chi_w^*\hat{y}_t - \lambda_w^*\hat{w}_t^* - \pi_{wt}^*) + \\ \nu_t^3\left[\begin{array}{l}\hat{w}_t^* - \pi_{wt}^* + \pi_{Ft}^* + (\gamma-1)(\hat{y}_t-\hat{y}_t^*) + w_t^{n*} - \\ w_{t-1}^{n*} - \hat{w}_{t-1}^* + (\gamma-1)(y_t^n - y_t^{n*})\end{array}\right] \end{array} \right\}$$

模型的最优一阶条件是

$$\frac{\partial \mathscr{L}^*}{\partial \hat{y}_t^*} = \beta^t \left[\frac{\gamma}{2}(2V^* \hat{y}_t^*) + \nu_t^1 \kappa_p^* + \nu_t^2 \kappa_w^* + \nu_t^3 (1-\gamma) \right]$$

$$\frac{\partial \mathscr{L}^*}{\partial \pi_{Ft}^*} = \beta^t \left[\frac{\gamma}{2} \left(2 \frac{\varepsilon_p^*}{\lambda_p^*} \pi_{Ft}^* \right) - \nu_t^1 + \nu_t^3 + \nu_{t-1}^1 \right]$$

$$\frac{\partial \mathscr{L}^*}{\partial \pi_{wt}^*} = \beta^t \left\{ \frac{\gamma}{2} \left[2 \frac{(1-\alpha^*)\varepsilon_w^*}{\lambda_w^*} \pi_{wt}^* \right] - \nu_t^2 - \nu_t^3 \right\} + \beta^t \nu_{t-1}^2$$

$$\frac{\partial \mathscr{L}}{\partial \hat{w}_t} = \beta^t (\nu_t^1 \lambda_p^* - \nu_t^2 \lambda_w^* + \nu_t^3) - \beta^{t+1} \nu_{t+1}^3$$

经过整理后得到：

$$\gamma V^* \hat{y}_t^* + \nu_t^1 \kappa_p^* + \nu_t^2 \kappa_w^* + \nu_t^3 (1-\gamma) = 0$$

$$\gamma \left(\frac{\varepsilon_p^*}{\lambda_p^*} \pi_{Ft}^* \right) - \nu_t^1 + \nu_t^3 + \nu_{t-1}^1 = 0$$

$$\gamma \left[\frac{(1-\alpha^*)\varepsilon_w^*}{\lambda_w^*} \pi_{wt}^* \right] - \nu_t^2 - \nu_t^3 + \nu_{t-1}^2 = 0$$

$$\nu_t^1 \lambda_p^* - \nu_t^2 \lambda_w^* + \nu_t^3 - \beta^t \nu_{t+1}^3 = 0$$

A.4 合作货币政策时的最优补贴

两国进行货币政策合作时，家庭稳态效用最大化的目标函数为式 (3.105)，根据两国家庭的消费和最终的就业水平，得到效用最大化问题的约束条件为

$$C_t = N_t^{(1-\alpha)(1-\gamma)} (N_t^*)^{(1-\alpha^*)\gamma} \qquad (\text{A.16})$$

$$C_t^* = N_t^{(1-\alpha)(1-\gamma)} (N_t^*)^{(1-\alpha^*)\gamma} \qquad (\text{A.17})$$

在完备市场条件下，$C_t = C_t^*$。令 λ_1 和 λ_2 分别表示式（A.16）和式（A.17）的拉格朗日乘子，将最优化问题表示为

$$\mathscr{L} = (U(C_t) + U(C_t^*) - V'(N_t) - V'(N_t^*)) +$$

$$\lambda_1 \left[N_t^{(1-\alpha)(1-\gamma)} (N_t^*)^{(1-\alpha^*)\gamma} - C_t \right] +$$

$$\lambda_2 \left[N_t^{(1-\alpha)(1-\gamma)} (N_t^*)^{(1-\alpha^*)\gamma} - C_t^* \right] \qquad (\text{A.18})$$

对 C_t、C_t^*、N_t 和 N_t^* 进行求导，得到以下一阶条件：

$$V'(N_t)N_t = U'(C_t)C_t(1-\alpha)(1-\gamma) +$$

$$U'(C_t^*)C_t^*(1-\alpha)(1-\gamma) \qquad (A.19)$$

$$V'(N_t^*)N_t^* = U'(C_t)C_t(1-\alpha^*)\gamma +$$

$$U(C_t^*)C_t^*(1-\alpha^*)\gamma \qquad (A.20)$$

由于假定两国家庭的消费对称，因此在稳态时，本国家庭的消费和外国家庭的消费满足条件 $U'(C_t)C_t = U'(C_t^*)C_t^*$，因此可以将式（A.19）和式（A.20）改写为

$$V'(N_t)N_t = 2U'(C_t)C_t(1-\alpha)(1-\gamma) \qquad (A.21)$$

$$V'(N_t^*)N_t^* = 2U'(C_t)C_t(1-\alpha^*)\gamma \qquad (A.22)$$

与纳什货币政策下本国和外国家庭的最优补贴相比，在合作货币政策下，本国和外国家庭的稳态福利最大化条件均大于纳什货币政策下的稳态水平。原因在于，在纳什货币政策下，本国福利最大化条件只用考虑家庭的本国最终消费品需求与就业的关系，而外国福利最大化条件也只用考虑家庭的外国最终消费品需求与就业的关系。而本国家庭的产品需求和外国家庭的产品需求，只是两国各自最终消费品世界需求的一部分，因此稳态时纳什最优政策的就业水平会低于合作最优政策的就业水平。

$U'(C_t)C_t$ 对 C_t 取偏导数可得：

$$\frac{\partial U'(C_t)C_t}{\partial C_t} = U''(C_t)C_t + U'(C_t) = (1-\sigma)C_t^{-\sigma} \qquad (A.23)$$

由于 $C_t^{-\sigma}$ 是本国家庭消费水平 C_t 的减函数，因此 $U'(C_t)C_t$ 对 C_t 的增减性取决于第 3 章经济模型的结构参数。当本国家庭的风险规避系数大于 1 时，$U'(C_t)C_t$ 是本国家庭消费水平 C_t 的增函数。

$V'(N_t)N_t$ 对本国家庭的就业取偏导数得到：

$$\frac{\partial V'(N_t)N_t}{\partial N_t} = V''(N_t)N_t + V'(N_t) = (1+\phi)N_t^{\phi} \qquad (A.24)$$

$V'(N_t)N_t$ 是 N_t 的增函数。采取货币政策合作，本国家庭与外国家庭的就业水平都增加了一倍。

A.5 两国合作时的社会福利函数与最优货币政策

在两国进行货币政策合作时，将社会总福利函数表示为两国家庭效用函数的加权平均（Pappa，2004），即

$$\sum_{t=0}^{\infty}\beta^t\left\{\frac{1}{2}\left[\frac{C_t^{1-\sigma}}{1-\sigma}-\int_0^1\frac{N_t(h)^{1+\phi}}{1+\phi}\mathrm{d}h\right]+\frac{1}{2}\left[\frac{C_t^{*(1-\sigma)}}{1-\sigma}-\int_0^1\frac{N_t^*(h)^{1+\phi}}{1+\phi}\mathrm{d}h\right]\right\}$$

(A.25)

由于完全的风险分担，两国家庭的消费完全相同，式（A.25）可以改写为

$$\sum_{t=0}^{\infty}\beta^t\left[\frac{C_t^{1-\sigma}}{1-\sigma}-\frac{1}{2}\int_0^1\frac{N_t(h)^{1+\phi}}{1+\phi}\mathrm{d}h-\frac{1}{2}\int_0^1\frac{N_t^*(h)^{1+\phi}}{1+\phi}\mathrm{d}h\right]\quad(A.26)$$

对两国家庭的消费部分进行二阶逼近，有

$$\frac{C_t^{1-\sigma}}{1-\sigma}=\frac{C^{1-\sigma}}{1-\sigma}+C^{1-\sigma}\left(c_t+\frac{1}{2}c_t^2\right)+(-\sigma)C^{1-\sigma}\frac{1}{2}c_t^2+o(\parallel a\parallel^3)$$

$$=\frac{C^{1-\sigma}}{1-\sigma}+C^{1-\sigma}\left(c_t+\frac{1-\sigma}{2}c_t^2\right)+o(\parallel a\parallel^3)\qquad(A.27)$$

其中，C 表示合作稳态时，两国家庭消费的稳态率水平；c_t 表示存在价格黏性与工资黏性时，家庭消费水平对其合作稳态消费的对数偏离；$o(\parallel a\parallel^3)$表示外生冲击的高阶无穷小。

对家庭消费进行对数线性化，得到家庭消费与两国产出之间的关系为

$$c_t=(1-\gamma)y_t+\gamma y_t^*\qquad(A.28)$$

将式（A.28）代入式（A.27），有

$$\frac{C_t^{1-\sigma}}{1-\sigma}$$

$$=\frac{C^{1-\sigma}}{1-\sigma}+C^{1-\sigma}\left\{(1-\gamma)y_t+\gamma y_t^*+\frac{1-\sigma}{2}\big[(1-\gamma)^2y_t^2+\gamma^2y_t^{*2}+2(1-\gamma)\gamma y_ty_t^*\big]\right\}+$$

$$o(\parallel a\parallel^3) \tag{A.29}$$

对本国和外国家庭效用函数中的就业部分进行二阶逼近，得到：

$$\int_0^1\frac{N_t(h)^{1+\phi}}{1+\phi}\mathrm{d}h$$

$$=N^{1+\phi}\left[\frac{y_t-a_t}{1-\alpha}+\frac{(1-\alpha+\alpha\varepsilon_p)\varepsilon_p}{2(1-\alpha)^2}\Delta_{pt}+\frac{(1+\phi\varepsilon_w)\varepsilon_w}{2}\Delta_{wt}+\frac{(1+\phi)(y_t-a_t)^2}{2(1-\alpha)^2}\right]+$$

$$\frac{N^{1+\phi}}{1+\phi}+o(\parallel a\parallel^3) \tag{A.30}$$

$$\int_0^1\frac{N_t^*(h)^{1+\phi}}{1+\phi}\mathrm{d}h$$

$$=(N^*)^{1+\phi}\left[\begin{array}{l}\dfrac{y_t^*-a_t^*}{1-\alpha^*}+\dfrac{(1-\alpha^*+\alpha^*\varepsilon_p^*)\varepsilon_p^*}{2(1-\alpha^*)^2}\Delta_{pt}^*+\dfrac{(1+\phi\varepsilon_w^*)\varepsilon_w^*}{2}\Delta_{wt}^*+\\[2ex]\dfrac{(1+\phi)(y_t^*-a_t^*)^2}{2(1-\alpha^*)^2}\end{array}\right]+$$

$$\frac{(N^*)^{1+\phi}}{1+\phi}+o(\parallel a^*\parallel^3) \tag{A.31}$$

所以，两国进行货币政策合作时的社会福利函数是

$$\frac{W_t^c-W^c}{U'(C)C}$$

$$=\left\{(1-\gamma)y_t+\gamma y_t^*+\frac{1-\sigma}{2}\big[(1-\gamma)^2y_t^2+\gamma^2y_t^{*2}+2(1-\gamma)\gamma y_ty_t^*\big]\right\}+$$

$$o(\parallel a\parallel^3)-(1-\alpha)(1-\gamma)$$

$$
\left[\frac{y_t}{1-\alpha}+\frac{(1-\alpha+\alpha\varepsilon_p)\varepsilon_p}{2(1-\alpha)^2}\Delta_{pt}+\frac{(1+\phi\varepsilon_w)\varepsilon_w}{2}\Delta_{wt}+ \atop \frac{(1+\phi)(y_t-a_t)^2}{2(1-\alpha)^2}\right]-
$$

$$
(1-\alpha^*)\gamma\left[\frac{y_t^*}{1-\alpha^*}+\frac{(1-\alpha^*+\alpha^*\varepsilon_p^*)\varepsilon_p^*}{2(1-\alpha^*)^2}\Delta_{pt}^*+ \atop \frac{(1+\phi\varepsilon_w^*)\varepsilon_w^*}{2}\Delta_{wt}^*+\frac{(1+\phi)(y_t^*-a_t^*)^2}{2(1-\alpha^*)^2}\right]
$$

(A.32)

式（A.32）中应用了进行货币政策合作时，两国政府部门的最优补贴条件。使用灵活价格与灵活工资时，两国技术冲击与自然率水平之间的关系、名义价格通货膨胀与方差以及名义工资通货膨胀与方差之间的关系（Woodford，2003），将进行货币政策合作时的社会福利水平表示为两国产出缺口（$\hat{y}_t$ 和 $\hat{y}_t^*$）、两国名义价格通货膨胀（π_{Ht} 和 π_{Ft}^*）、两国名义工资通货膨胀的函数，即

$$
\frac{W_t^c-W^c}{U'(C)C}
$$

$$
=-\frac{1-\gamma}{2}\left\{\left[\frac{\alpha+\phi}{1-\alpha}+(\sigma-1)(1-\gamma)\right]\hat{y}_t^2+\frac{\varepsilon_p}{\lambda_p}\pi_{Ht}^2+\frac{(1-\alpha)\varepsilon_w}{\lambda_w}\pi_{wt}^2\right\}-
$$

$$
\frac{\gamma}{2}\left\{\left[\frac{\alpha^*+\phi}{1-\alpha^*}+(\sigma-1)\gamma\right](\hat{y}_t^*)^2+\frac{\varepsilon_p}{\lambda_p}(\pi_{Ft}^*)^2+\frac{(1-\alpha)\varepsilon_w}{\lambda_w}(\pi_{wt}^*)^2\right\}+
$$

$$
\gamma(1-\gamma)(1-\sigma)\hat{y}_t\hat{y}_t^*+o(\|a\|^3)
$$

(A.33)

将合作时货币政策的最优选择问题表示为

$$\mathcal{L} = \sum_{t=0}^{\infty} \beta^t \left\{ \begin{array}{l} \dfrac{1-\gamma}{2} V \hat{y}_t^2 + \dfrac{\gamma}{2} V^* \hat{y}_t^{*\,2} + \\[2.5ex] \dfrac{1-\gamma}{2} \dfrac{\varepsilon_p}{\lambda_p} \pi_{Ht}^2 + \dfrac{\gamma}{2} \dfrac{\varepsilon_p^*}{\lambda_p^*} \pi_{Ft}^{*\,2} + \\[2.5ex] \dfrac{1-\gamma}{2} \dfrac{(1-\alpha)\varepsilon_w}{\lambda_w} \pi_{wt}^2 + \dfrac{\gamma}{2} \dfrac{(1-\alpha^*)\varepsilon_w^*}{\lambda_w^*} \pi_{wt}^{2\,*} - \\[2.5ex] \gamma(1-\gamma)(1-\sigma)(\hat{y}_t \hat{y}_t^* + \hat{y}_t y_t^{n*} + y_t^n \hat{y}_t^*) + \\[2ex] \Psi_1^t (\beta \pi_{Ht+1} + \kappa_p \hat{y}_t - \chi_p \hat{y}_t^* + \lambda_p \hat{w}_t - \pi_{Ht}) + \\[2ex] \Psi_2^t (\beta \pi_{wt+1} + \kappa_w \hat{y}_t + \chi_w \hat{y}_t^* - \lambda_w \hat{w}_t - \pi_{wt}) + \\[2ex] \Psi_3^t [\hat{w}_t - \pi_{wt} + \pi_{Ht} + \gamma(\hat{y}_t - \hat{y}_t^*) + w_t^n - w_{t-1}^n + \hat{w}_{t-1}] + \\[2ex] \Psi_4^t (\beta \pi_{Ft+1}^* + \kappa_p^* \hat{y}_t^* - \chi_p^* \hat{y}_t + \lambda_p^* \hat{w}_t^* - \pi_{Ft}^*) + \\[2ex] \Psi_5^t (\beta \pi_{wt+1}^* + \kappa_w^* \hat{y}_t^* + \chi_w^* \hat{y}_t - \lambda_w^* \hat{w}_t^* - \pi_{wt}^*) + \\[2ex] \Psi_6^t \left[\begin{array}{l} \hat{w}_t^* - \pi_{wt}^* + \pi_{Ft}^* + (\gamma-1)(\hat{y}_t - \hat{y}_t^*) + \\ w_t^{n*} - w_{t-1}^{n*} + \hat{w}_{t-1}^* \end{array} \right] \end{array} \right\}$$

$$(A.34)$$

其中，Ψ_1^t、Ψ_2^t、Ψ_3^t、Ψ_4^t、Ψ_5^t 和 Ψ_6^t 分别是本国价格菲利普斯曲线、本国工资菲利普斯曲线、本国实际工资缺口、外国价格菲利普斯曲线、外国工资菲利普斯曲线和外国实际工资缺口的拉格朗日乘子，合作最优货币政策的一阶条件是

$$(1-\gamma)V_1 \hat{y}_t - \gamma(1-\gamma)(1-\sigma) \hat{y}_t^* + \Psi_1^t \kappa_p +$$
$$\Psi_2^t \kappa_w + \Psi_3^t \gamma - \Psi_4^t \chi_p^* + \Psi_5^t \chi_w^* - \Psi_6^t(1-\gamma) = 0 \qquad (A.35)$$

$$\gamma V^* \hat{y}_t^* - \gamma(1-\gamma)(1-\sigma) \hat{y}_t - \Psi_1^t \chi_p + \Psi_2^t \chi_w -$$
$$\Psi_3^t \gamma + \Psi_4^t \kappa_p^* + \Psi_5^t \kappa_w^* + \Psi_6^t(1-\gamma) = 0 \qquad (A.36)$$

$$(1-\gamma) \frac{\varepsilon_p}{\lambda_p} \pi_{Ht} - \Psi_1^t + \Psi_3^t + \Psi_1^{t-1} = 0 \qquad (A.37)$$

$$\gamma \frac{\varepsilon_p^*}{\lambda_p^*} \pi_{Ft}^* - \Psi_4^t + \Psi_6^t + \Psi_4^{t-1} = 0 \qquad (A.38)$$

$$(1-\gamma)\frac{(1-\alpha)\varepsilon_w}{\lambda_w}\pi_{wt}-\Psi_2^t-\Psi_3^t+\Psi_2^{t-1}=0 \qquad (A.39)$$

$$\gamma\frac{(1-\alpha^*)\varepsilon_w^*}{\lambda_w^*}\pi_{wt}^*-\Psi_5^t-\Psi_6^t+\Psi_5^{t-1}=0 \qquad (A.40)$$

$$\Psi_1^t\lambda_p-\Psi_2^t\lambda_w+\Psi_3^t-\beta\Psi_3^{t+1}=0 \qquad (A.41)$$

$$\Psi_4^t\lambda_p^*-\Psi_5^t\lambda_w^*+\Psi_6^t-\beta\Psi_6^{t+1}=0 \qquad (A.42)$$

上述方程描述了合作时的最优货币政策。

A.6 纳什货币政策与合作货币政策均衡的稳态消费水平

根据纳什货币政策下家庭最优消费满足的条件得到：

$$N_t^{1+\phi}=C_t^{1-\sigma}(1-\alpha)(1-\gamma) \qquad (A.43)$$

稳态时的产出和就业满足 $Y_t=N_t^{1-\alpha}$，而且贸易条件和两国产出之间存在以下关系：

$$S_t=\frac{\gamma}{1-\gamma}\frac{Y_t}{Y_t^*} \qquad (A.44)$$

根据式（A.44）得到消费和贸易条件的关系：

$$C=\{[2\kappa^{-1}(1-\gamma)S^\gamma]^{\frac{1+\phi}{1-\alpha}}[(1-\alpha)(1-\gamma)]^{-1}\}^{\frac{1}{(1-\sigma)-\frac{1+\phi}{1-\alpha}}} \qquad (A.45)$$

纳什货币政策下，外国家庭效用最大化的一阶条件可以表示为

$$(N_t^*)^{1+\phi}=(C_t^*)^{1-\sigma^*}(1-\alpha^*)\gamma \qquad (A.46)$$

稳态时外国产出与就业的关系是 $Y_t^*=(N_t^*)^{1-\alpha^*}$，再根据外国产出和贸易条件的关系，得到外国家庭消费和贸易条件的关系：

$$C^*=\{(2\kappa^{-1}\gamma S^{\gamma-1})^{\frac{1+\phi}{1-\sigma}}[(1-\alpha^*)\gamma]^{-1}\}^{\frac{1}{(1-\sigma)-\frac{1+\phi}{1-\alpha^*}}} \qquad (A.47)$$

由于本国和外国之间存在着完备的资本市场，因此两国家庭的消费实现完全风险分担，所以 $C_t=C_t^*$。可得到关于贸易条件稳态的表达式：

$$\{(2\kappa^{-1}\gamma S^{\gamma-1})^{\frac{1+\phi}{1-\sigma}}[(1-\alpha^*)\gamma]^{-1}\}^{\frac{1}{(1-\sigma)-\frac{1+\phi}{1-\alpha^*}}}$$

$$= \left\{ \left[2\kappa^{-1}(1-\gamma)S^{\gamma} \right]^{\frac{1+\phi}{1-\sigma}} \left[(1-\alpha)(1-\gamma) \right]^{-1} \right\}^{\frac{1}{(1-\sigma)-\frac{1+\phi}{1-\alpha}}} \tag{A.48}$$

当两国的劳动力要素投入比重完全相同时，$\alpha = \alpha^* = \bar{\alpha}$，式（A.48）可以简化为

$$S = \left(\frac{\gamma}{1-\gamma} \right)^{\frac{\bar{\alpha}+\phi}{1+\phi}} \tag{A.49}$$

当且仅当家庭对两国消费的需求完全相同时，不存在本国偏好，稳态时的贸易条件才等于 1，即两国的产出、就业和消费完全相同。如果两国家庭的消费存在本国偏好，即使两国的劳动力要素投入比重完全相同，稳态时的贸易条件也不等于 1，在纳什稳态时，经济均衡时存在贸易条件偏好，此时两国产出与其产品世界需求之间存在以下关系：

$$\frac{Y_t}{Y_t^*} = \left(\frac{1-\gamma}{\gamma} \right)^{\frac{1-\bar{\alpha}}{1+\phi}} \tag{A.50}$$

当 $\gamma > 0.5$ 时，经济稳态时本国产出要大于外国产出，由于两国的生产函数完全一样，因此贸易条件大于 1，本国的产出和就业均高于外国。反之，当 $\gamma < 0.5$ 时，外国的产出和就业均高于本国。

在两国进行货币政策合作时，本国与外国家庭效用最大化的补贴条件分别是

$$N_t^{1+\phi} = 2C_t^{1-\sigma}(1-\alpha)(1-\gamma) \tag{A.51}$$

$$(N_t^*)^{1+\phi} = 2(C_t^*)^{1-\alpha^*}(1-\alpha^*)\gamma \tag{A.52}$$

根据纳什稳态时的贸易条件计算方法，得到合作稳态时的贸易条件满足以下关系：

$$C = \left\{ \left[2\kappa^{-1}(1-\gamma)S^{\gamma} \right]^{\frac{1+\phi}{1-\sigma}} \left[2(1-\alpha)(1-\gamma) \right]^{-1} \right\}^{\frac{1}{(1-\sigma)-\frac{1+\phi}{1-\alpha}}} \tag{A.53}$$

$$C^* = \left\{ (2\kappa^{-1}\gamma S^{\gamma-1})^{\frac{1+\phi}{1-\sigma}} \left[2(1-\alpha^*)\gamma \right]^{-1} \right\}^{\frac{1}{(1-\sigma)-\frac{1+\phi}{1-\alpha^*}}} \tag{A.54}$$

将上述均衡条件进行对比后发现，合作稳态时两国家庭的消费水平均高于纳什稳态时的水平。

附录 B　第 4 章附录

B.1　本国家庭和劳动加总厂商的最优行为

非耐用消费品指数 C_t 是差异化中间产品 $C_t(f)$ 的 CES 函数加总：

$$C_t = \left(\int_0^1 C_t(f)^{\frac{\varepsilon_c-1}{\varepsilon_c}} \, df \right)^{\frac{\varepsilon_c}{\varepsilon_c-1}} \tag{B.1}$$

给定非耐用消费品总支出为 1，最大化家庭的效用函数为 $U(C_t)$，家庭的最优化问题可以写为

$$L = U\left[\left(\int_0^1 C_t(f)^{\frac{\varepsilon_c-1}{\varepsilon_c}} \, df \right)^{\frac{\varepsilon_c}{\varepsilon_c-1}} \right] + \lambda_t \left(1 - \int_0^1 P_{ct}(f)C_t(f) \right) \tag{B.2}$$

对 $C_t(f)$ 求导数得到：

$$U'(C_t)C_t^{1/\varepsilon_c}C_t(f)^{-1/\varepsilon_c} = \lambda_t P_{ct}(f) \tag{B.3}$$

对于非耐用消费品部门中间产品厂商 k，也有类似关系式：

$$U'(C_t)C_t^{1/\varepsilon_c}C_t(k)^{-1/\varepsilon_c} = \lambda_t P_{ct}(k) \tag{B.4}$$

其中，$P_{ct}(f)$ 和 $P_{ct}(k)$ 分别是非耐用消费品部门中间产品厂商 f 和 k 设定的各自产品的价格，得到：

$$C_t(k) = \left(\frac{P_{ct}(k)}{P_{ct}(f)} \right)^{-\varepsilon_c} C_t(f) \tag{B.5}$$

根据家庭的支出约束 $\int_0^1 P_t(k)C_t(k)dk = 1$，得到：

$$P_{ct}(f)^{\varepsilon_c}C_t(f) \int_0^1 P_{ct}(k)^{1-\varepsilon_c} \, dk = 1 \tag{B.6}$$

本国总消费可表示为

$$C_t = C_t(f)P_{ct}(f)^{\varepsilon_c} \left(\int_0^1 P_{ct}(k)^{1-\varepsilon_c} \, dk \right)^{\frac{\varepsilon_c}{\varepsilon_c-1}} \tag{B.7}$$

进一步得到：

$$\left(\int_0^1 P_{ct}(k)^{1-\varepsilon_c}\,\mathrm{d}k\right)^{\frac{1}{1-\varepsilon_c}}C_t = 1 \tag{B.8}$$

令 $P_{ct} = \left(\int_0^1 P_{ct}(k)^{1-\varepsilon_c}\,\mathrm{d}k\right)^{\frac{1}{1-\varepsilon_c}}$ 是本国非耐用消费品的价格指数，所以对非耐用消费品部门中间产品 k 的需求是

$$C_t(f) = \left(\frac{P_{ct}(f)}{P_{ct}}\right)^{-\varepsilon_c}C_t \tag{B.9}$$

根据家庭耐用消费品支出的最小化问题，可以得到家庭对本国和外国中间耐用消费品厂商 f 的产品需求为

$$Y_{Ht}^H(f) = \left(\frac{P_{Ht}(f)}{P_{Ht}}\right)^{-\eta}Y_{Ht}^H \tag{B.10}$$

$$Y_{Ft}^H(f) = \left(\frac{P_{Ft}(f)}{P_{Ft}}\right)^{-\eta}Y_{Ft}^H \tag{B.11}$$

其中，P_{Ht} 和 P_{Ft} 分别是本国和外国耐用消费品价格指数的加总：

$$P_{Ht} = \left(\int_0^1 P_{Ht}(f)^{1-\eta}\mathrm{d}f\right)^{\frac{1}{1-\eta}} \tag{B.12}$$

$$P_{Ft} = \left(\int_0^1 P_{Ft}(f)^{1-\eta}\mathrm{d}f\right)^{\frac{1}{1-\eta}} \tag{B.13}$$

劳动力打包厂商的 CES 函数加总是

$$L_t = \left(\int_0^1 L_t(h)^{\frac{\varepsilon_w-1}{\varepsilon_w}}\,\mathrm{d}h\right)^{\frac{\varepsilon_w}{\varepsilon_w-1}} \tag{B.14}$$

对于给定的劳动力需求 L_t，打包厂商的成本函数是 $\int_0^1 W_t(h)L_t(h)\mathrm{d}h$，厂商的成本最小化的拉氏函数是

$$\mathscr{L} = \int_0^1 W_t(h)L_t(h)\,\mathrm{d}h + \lambda\left[\left(\int_0^1 L_t(h)^{\frac{\varepsilon_w-1}{\varepsilon_w}}\,\mathrm{d}h\right)^{\frac{\varepsilon_w}{\varepsilon_w-1}} - L_t\right] \tag{B.15}$$

对劳动 $L_t(h)$ 求导数得到：

$$W_t(h) = \lambda L_t^{\frac{1}{\varepsilon_w}}(L_t(h))^{-\frac{1}{\varepsilon_w}} \tag{B.16}$$

对其他家庭劳动 $L_t(k)$ 求导数得到：

$$W_t(k) = \lambda L_t^{\frac{1}{\varepsilon_w}} (L_t(k))^{-\frac{1}{\varepsilon_w}} \tag{B.17}$$

相比得到：

$$L_t(h) = \left(\frac{W_t(h)}{W_t(k)}\right)^{-\frac{1}{\varepsilon_w}} L_t(k) \tag{B.18}$$

总劳动供给为

$$L_t = W_t(k)^{\varepsilon_w} L_t(k) \left(\int_0^1 W_t(h)^{1-\varepsilon_w} \mathrm{d}h\right)^{\frac{\varepsilon_w}{\varepsilon_w-1}} \tag{B.19}$$

定义本国的名义工资指数为

$$W_t = \left(\int_0^1 W_t(h)^{1-\varepsilon_w} \mathrm{d}h\right)^{\frac{1}{1-\varepsilon_w}} \tag{B.20}$$

家庭 k 劳动的最优需求为

$$L_t(k) = \left(\frac{W_t(k)}{W_t}\right)^{-\varepsilon_w} L_t \tag{B.21}$$

在引入工资黏性后，家庭的一生贴现效用之和为

$$E_t \sum_{k=0}^{\infty} (\beta\theta_w)^k U\big[(1-\alpha)\ln C_{t+k|t} + \alpha\ln D_{t+k|t} - \Psi N_{t+k|t}\big] \tag{B.22}$$

其中，θ_w 是每期不能调整工资家庭的比例，在劳动力需求的约束条件下，有

$$N_{t+k|t} = \left(\frac{W_{t+k|t}}{W_{t+k}}\right)^{-\varepsilon_w} N_{t+k} \tag{B.23}$$

调整工资的最优条件是

$$E_t \left\{ \sum_{k=0}^{\infty} (\beta\theta)^k N_{t+k|t} \left[\frac{W_{t+k|t}}{P_{t+k}} + \frac{\Psi\varepsilon_w}{\alpha(1+\tau_w)(1-\varepsilon_w)} C_{t+k|t}\right] \right\} = 0 \tag{B.24}$$

当本国非耐用消费品技术水平上升时，最优的货币政策稳定了本国的非耐用消费品和耐用消费品的产出缺口，与此同时，两部门的价格水平和名义工资水平都有所下降。由于本国耐用消费品的用户成本主要受到相对价格及实际利率的影响，根据最优货币政策下的名义利

率和非耐用消费品部门的价格通货膨胀水平，发现以非耐用消费品计量的实际利率波动很小，因此本国耐用消费品的用户成本波动很小，但是外国耐用消费品的用户成本除了受到相对价格和实际利率的影响，还会受到贸易条件的影响。

B.2 外国家庭的最优消费行为

外国代表性家庭 h 的一生期望效用之和为

$$E_t \left\{ \sum_{t=0}^{\infty} \beta^t \left[U(C_t^*(h), D_t^*(h), L_t^*(h)) \right] \right\} \tag{B.25}$$

其中，$C_t^*(h)$ 是外国家庭 h 对非耐用消费品的需求，外国的非耐用消费品指数是所有非耐用消费品部门中间产品的 CES 函数加总，$C_t^*(h) = \left(\int_0^1 C_t^*(h, f)^{\frac{\varepsilon_c - 1}{\varepsilon_c}} \mathrm{d}f \right)^{\frac{\varepsilon_c}{\varepsilon_c - 1}}$；$C_t^*(h, f)$ 是 t 期家庭 h 对非耐用中间产品 f 的需求，ε_w 是本国非耐用消费品部门中间产品的替代弹性；$D_t^*(h)$ 是在 t 期拥有的耐用消费品存量，耐用消费品存量 $D_t^*(h) = (D_{Ht}^F(h))^\gamma (D_{Ft}^F(h))^{1-\gamma}$；$D_{Ht}^F(h)$ 和 $D_{Ft}^F(h)$ 是外国家庭持有的本国和外国的耐用消费品，γ 是本国耐用消费品的比重，耐用消费品的跨期转移方程为

$$D_{Ht}^F(h) = (1-\delta)D_{Ht-1}^F(h) + Y_{Ht}^F(h)$$

$$D_{Ft}^F(h) = (1-\delta)D_{Ft-1}^F(h) + Y_{Ft}^F(h)$$

其中，δ 是耐用消费品的折旧率；$Y_{Ht}^F(h)$ 和 $Y_{Ft}^F(h)$ 是家庭在 t 期购买的本国和外国耐用消费品。家庭受到以下的预算约束：

$$P_{ct}^* C_t^*(h) + P_{Ht}^* Y_{Ht}^F(h) + P_{Ft}^* Y_{Ft}^F(h) +$$

$$E_t \left[r_{t,t+1}^* B_{t+1}^*(h) \right] + P_{Ft}^* E_t \left[r_{Ft,t+1} B_{Ft+1}^*(h) \right]$$

$$= (1 + \tau_w^*) W_t^*(h) L_t^*(h) + B_t^*(h) +$$

$$P_{Ft}^* B_{Ft}^*(h) - T_t^*(h) + \Pi_t^*(h)$$

其中，P_{ct}^* 是外国非耐用消费品的价格指数；P_{Ft}^* 是外国耐用消费品在外

国的价格指数；B_{t+1}^* 是外国的 Arrow-Debreu 证券；$r_{t,t+1}^*$ 是其状态依存价格；B_{Ft+1}^* 是外国家庭购买的以外国耐用消费品计量的状态依存证券；其他外国家庭变量的经济含义与本国相似。外国家庭 h 在预算约束条件下，选择最优的消费和证券满足以下条件：

$$\lambda_t^* = \frac{1-\alpha}{c_t^*}$$

$$1 = \beta E_t \left(\frac{R_t^* \lambda_t^*}{\lambda_{t+1}^*} \right) \tag{B.26}$$

$$1 = \beta E_t \left(\frac{\lambda_{t+1} P_{Ft+1}^* R_{Ft}}{\lambda_t P_{Ft}^*} \right) \tag{B.27}$$

$$\lambda_t^* P_{Ht}^* = U_{D_{Ht}^F} + \beta(1-\delta) E_t (\lambda_{t+1}^* P_{Ht+1}^*) \tag{B.28}$$

$$\lambda_t^* P_{Ft}^* = U_{D_{Ft}^F} + \beta(1-\delta) E_t (\lambda_{t+1}^* P_{Ft+1}^*) \tag{B.29}$$

其中，λ_t^* 是以非耐用消费品表示的外国家庭的实际边际效用；P_{Ft}^* 是以外币表示的外国消费品价格，式（B.26）是家庭最优跨期消费的欧拉方程；R_t^* 是外国的无风险名义利率；R_{Ft} 是在国际资本市场交易的状态依存债券的无风险利率。R_t^* 和 R_{Ft} 有以下关系：

$$R_t^* = E_t \left(\frac{P_{Ft+1}^*}{P_{Ft}^*} \right) R_{Ft}$$

B.3 经济系统的对数线性化

在对经济系统进行对数线性化的过程中，经常使用以下公式：

$$x_t = \frac{X_t - \overline{X}}{\overline{X}}$$

其中，x_t 是经济变量 X_t 确定性稳态值偏离的百分比；$\overline{X}$ 是 X_t 的确定性稳态值。以本国家庭 h 对本国耐用消费品存量 D_{Ht} 最优需求的一阶条件进行说明，其他均衡条件的对数线性化过程与之类似。从前文可知，家庭 h 对本国耐用消费品 D_{Ht} 需求的一阶条件是

$$Q_t C_t^{-\sigma_c} = \gamma \tilde{D}_t^{1-\sigma_H} \tilde{D}_{Ht}^{-1} \left(-\phi \frac{\Delta D_{t+1}}{D_t} \right) +$$

$$\beta E_t \left[\gamma \tilde{D}_{t+1}^{1-\sigma_H} \tilde{D}_{Ht+1}^{-1} \left(1 + \frac{\phi}{2} \frac{D_{t+2}^2 - D_{t+1}^2}{D_{t+1}^2} \right) \right] + \beta E_t \left[(1-\delta) Q_{t+1} C_{t+1}^{-\sigma_c} \right]$$

上式的确定性稳态时满足以下等式：

$$C^{-\sigma_c} = \beta [\gamma D^{1-\sigma_H} D_H^{-1} + (1-\delta) C^{-\sigma_c}]$$

首先对等式的左侧部分进行一阶泰勒展开，并利用等式

$$Q_t C_t^{-\sigma_c} = QC^{-\sigma_c} - \sigma_c QC^{-\sigma_c-1} (C_t - C) + C^{-\sigma_c} (Q_t - Q)$$

$$= QC^{-\sigma_c} - \sigma_c QC^{-\sigma_c} \left(\frac{C_t - C}{C} \right) + C^{-\sigma_c} \left(\frac{Q_t - Q}{Q} \right)$$

$$= Q(C^{-\sigma_c} - \sigma_c C^{-\sigma_c} c_t + C^{-\sigma_c} q_t)$$

右侧第一部分的一阶泰勒展开式是

$$\gamma \tilde{D}_t^{1-\sigma_H} \tilde{D}_{Ht}^{-1} \left(-\phi \frac{\Delta D_{t+1}}{D_t} \right)$$

$$= 0 + \gamma D_t^{1-\sigma_H} D_{Ht}^{-1} (-\phi) \left[\frac{(D_{t+1} - D)}{D} - \frac{D(D_t - D)}{D^2} \right]$$

$$= -\phi \gamma D_t^{1-\sigma_H} D_{Ht}^{-1} (d_{t+1} - d_t)$$

$$= -\phi \gamma D_t^{1-\sigma_H} D_{Ht}^{-1} \Delta d_{t+1}$$

右侧第二部分的一阶泰勒展开式是

$$\beta E_t \left[\gamma \tilde{D}_{t+1}^{1-\sigma_H} \tilde{D}_{Ht+1}^{-1} \left(1 + \frac{\phi}{2} \frac{D_{t+2}^2 - D_{t+1}^2}{D_{t+1}^2} \right) \right]$$

$$= \beta \gamma D^{1-\sigma_H} D_H^{-1} + \beta \gamma D^{1-\sigma_H} D_H^{-1} [(1-\sigma_H) \tilde{d}_{t+1} - \tilde{d}_{Ht+1}] +$$

$$\beta \gamma D^{1-\sigma_H} D_H^{-1} [\phi (d_{t+2} - d_{t+1})]$$

$$= \beta \gamma D^{1-\sigma_H} D_H^{-1} + \beta \gamma D^{1-\sigma_H} D_H^{-1} [(1-\sigma_H) \tilde{d}_{t+1} - \tilde{d}_{Ht+1} + \phi \Delta d_{t+2}]$$

右侧第三部分的一阶泰勒展开式是

$$\beta E_t [(1-\delta) Q_{t+1} C_{t+1}^{-\sigma_c}] = \beta (1-\delta) QC^{-\sigma_c} + \beta (1-\delta) C^{-\sigma_c} (Q_{t+1} - Q) -$$

$$\sigma_c \beta (1-\delta) QC^{-\sigma_c-1} (C_{t+1} - C)$$

$$= \beta (1-\delta) QC^{-\sigma_c} \left(1 + \frac{Q_{t+1} - Q}{Q} - \sigma_c \frac{C_{t+1} - C}{C} \right)$$

$$= \beta(1-\delta)QC^{-\sigma_c}\left(1 + q_{t+1} - \sigma_c c_{t+1}\right)$$

将以上各式组合在一起，并消去各经济变量的对称性稳态，得到：

$$d_{Ht+1} = \frac{(1-\gamma)(1-\sigma_H)}{(1-\gamma)(1-\sigma_H)+1}d_{Ft+1} + \frac{\sigma_c}{(1-\gamma)(1-\sigma_H)+1}c_t -$$

$$\frac{1}{(1-\gamma)(1-\sigma_H)+1}z_{Ht} +$$

$$\frac{\sigma_c}{(1-\gamma)(1-\sigma_H)+1}\left(\Delta d_{t+2} - \frac{1}{\beta}\Delta d_{t+1}\right)$$

其中，z_{Ht} 是本国耐用消费品的用户成本，定义如下：

$$z_{Ht} = q_t + \frac{\beta(1-\delta)}{1-\beta(1-\delta)}\left(i_t - \pi_{ct+1}^p - \Delta q_{t+1}\right)$$

B.4 社会福利函数的二阶逼近

政府部门首先使用补贴的财政政策，消除了垄断竞争对资源配置的扭曲，在确定性经济稳态时实现帕累托最优。在稳态均衡时，两国的总效用函数是

$$[U(C,D_H,D_F) - \Psi L] + [U(C^*,D_H^*,D_F^*) - \Psi L^*] \quad \text{(B.30)}$$

式（B.30）的前半部分是本国家庭的效用水平，后半部分是外国家庭的效用水平，在社会资源约束和市场出清的约束下，有

$$C = L_c \quad \text{(B.31)}$$

$$C^* = L_c^* \quad \text{(B.32)}$$

$$L_H = Y_H = Y_H^H + Y_H^F = \delta(D_H + D_H^*) \quad \text{(B.33)}$$

$$L_F^* = Y_F^* = Y_F^H + Y_F^F = \delta(D_F + D_F^*) \quad \text{(B.34)}$$

帕累托最优时两国劳动力配置为

$$1 - \alpha = \Psi L_c \quad \alpha\gamma = \Psi L_H^H \quad \alpha(1-\gamma) = \Psi L_H^F$$

$$1 - \alpha = \Psi L_c \quad \alpha\gamma = \Psi L_F^F \quad \alpha(1-\gamma) = \Psi L_F^H$$

两国的社会福利函数为

$$W_t + W_t^* = E_o \sum_{t=0}^{\infty} \left[\beta^t (V_t + V_t^*) \right] \quad (\text{B.35})$$

其中

$$V_t = (1-\alpha)\ln C_t + \alpha\gamma\ln D_{Ht} + \alpha(1-\gamma)\ln D_{Ft} - \Psi \int_0^1 L_t(h)\,\mathrm{d}h \quad (\text{B.36})$$

$$V_t^* = (1-\alpha)\ln C_t^* + \alpha\gamma\ln D_{Ft}^* + \alpha(1-\gamma)\ln D_{Ht}^* - \Psi \int_0^1 L_t^*(h)\,\mathrm{d}h$$

$$(\text{B.37})$$

对两国家庭的效用函数进行二阶逼近，得到社会福利函数。在社会福利函数的逼近过程中，经常用到以下公式：

$$\frac{X_t - \overline{X}}{\overline{X}} = x_t + \frac{1}{2}x_t^2$$

其中，$\overline{X}$ 是经济变量 X_t 的稳态值水平；x_t 是 X_t 对其稳态值的对数偏离，所以有

$$\ln C_t = \ln C + \frac{C_t - C}{C} - \frac{1}{2}\frac{(C_t - C)^2}{C^2}$$

$$= \ln C + \left(c_t + \frac{1}{2}c_t^2 \right) - \frac{1}{2}c_t^2$$

$$= \ln C + c_t \quad (\text{B.38})$$

采用同样的方式，可以得到：

$$\ln D_{Ht} = \ln D_H + d_{Ht} \quad (\text{B.39})$$

$$\ln D_{Ft} = \ln D_F + d_{Ft} \quad (\text{B.40})$$

本国家庭效用函数中消费部分的二阶逼近是

$$V_t - V = (1-\alpha)c_t + \alpha\gamma d_{Ht} + \alpha(1-\gamma)d_{Ft} \quad (\text{B.41})$$

家庭 h 的劳动供给函数是 $L_t(h) = L_c(h) + L_H(h)$，对它进行二阶逼近，得到：

$$L_t(h) = L_{ct} + L_{Ht}$$

$$= L_{ct} + L_{Ht}^H + L_{Ht}^F$$

$$= L_c + L_c \frac{L_{ct}(h) - L_c}{L_c} + L_H^H + L_H^H \frac{L_{Ht}^H(h) - L_H^H}{L_H^H} +$$

$$L_H^F + L_H^F \frac{L_{Ht}^F(h) - L_H^F}{L_H^F}$$

$$= L + L_c\left(l_{ct}(h) + \frac{1}{2}l_{ct}(h)^2\right) + L_H^H\left(l_{Ht}^H(h) + \frac{1}{2}l_{Ht}^H(h)^2\right) +$$

$$L_H^F\left(l_{Ht}^F(h) + \frac{1}{2}l_{Ht}^F(h)^2\right) \tag{B.42}$$

由于经济系统中存在工资黏性，因此家庭 h 的劳动供给 $L_t(h)$ 和社会总劳动供给之间的关系是

$$L_t(h) = \left(\frac{W_t(h)}{W_t}\right)^{-\varepsilon_w} L_t$$

对上式进行对数线性化，得到：

$$l_t(h) = -\varepsilon_w(w_t(h) - w_t) + l_t \tag{B.43}$$

所以社会总劳动的二阶逼近满足以下关系：

$$L_t = L_{ct} + L_{Ht}$$

$$= L_{ct} + L_{Ht}^H + L_{Ht}^F$$

$$= L_c + L_c\int_0^1 \frac{L_{ct}(h) - L_c}{L_c}dh + L_H^H + L_H^H\int_0^1 \frac{L_{Ht}^H(h) - L_H^H}{L_H^H}dh +$$

$$L_H^F + L_H^F\int_0^1 \frac{L_{Ht}^F(h) - L_H^F}{L_H^F}dh$$

$$= L + L_c\int_0^1\left(l_{ct}(h) + \frac{1}{2}l_{ct}(h)^2\right)dh + L_H^H\int_0^1\left(l_{Ht}^H(h) + \frac{1}{2}l_{Ht}^H(h)^2\right)dh +$$

$$L_H^F\int_0^1\left(l_{Ht}^F(h) + \frac{1}{2}l_{Ht}^F(h)^2\right)dh \tag{B.44}$$

又因为

$$\int_0^1 l_t(h)dh = -\varepsilon_w\int_0^1(w_t(h) - w_t)dh + l_t \tag{B.45}$$

$$\int_0^1 l_t(h)^2 dh = \int_0^1(l_t(h) - l_t + l_t)^2 dh$$

$$= \int_0^1(l_t(h) - l_t)^2 dh + l_t^2 - 2\varepsilon_w l_t\int_0^1(w_t(h) - w_t)dh$$

$$= \varepsilon_w^2 \int_0^1 (w_t(h) - w_t)^2 \mathrm{d}h + l_t^2$$

$$= l_t^2 + \varepsilon_w^2 \mathrm{var}_h(w_t(h)) \tag{B.46}$$

将式（B.45）和式（B.46）代入社会劳动总供给，得到：

$$L_t - L = L_c [l_{ct} + l_{ct}^2 + \varepsilon_w^2 \mathrm{var}_h(w_t(h))] +$$
$$L_H^H [l_{Ht}^H + l_{Ht}^H + \varepsilon_w^2 \mathrm{var}_h(w_t(h))] +$$
$$L_H^F [l_{Ht}^F + l_{Ht}^F + \varepsilon_w^2 \mathrm{var}_h(w_t(h))]$$

$$= L_c \left(l_{ct} + \frac{1}{2} l_{ct}^2 \right) + L_H^H \left(l_{Ht}^H + \frac{1}{2} l_{Ht}^{H2} \right) +$$

$$L_H^F \left(l_{Ht}^F + \frac{1}{2} l_{Ht}^{F2} \right) + \frac{1}{2} \varepsilon_w^2 \mathrm{var}_h(w_t(h)) \tag{B.47}$$

社会劳动总供给和总产出满足以下关系：

$$L_{kt} = \int_0^1 L_{kt}(f) \mathrm{d}f = \int_0^1 \left(\frac{Y_{kt}(f)}{A_{kt}} \right) \mathrm{d}f$$

$$= \frac{Y_{kt}}{A_{kt}} \int_0^1 \left(\frac{P_{kt}(f)}{P_{kt}} \right)^{-\varepsilon_k} \mathrm{d}f = \frac{Y_{kt}}{A_{kt}} \Delta_t^k \tag{B.48}$$

其中，$\Delta_t^k = \int_0^1 (P_{kt}(f)/P_{kt})^{-\varepsilon_k} \mathrm{d}f$ 是价格扩散程度。对式（B.48）进行对数线性化，可得

$$l_{kt} = y_{kt} - a_{kt} + d_t^k \tag{B.49}$$

其中，$d_t^k = \ln \Delta_t^k$。非耐用消费品和耐用消费品价格指数为

$$P_{kt} = \left(\int_0^1 P_{kt}(f)^{1-\varepsilon_k} \mathrm{d}f \right)^{\frac{1}{1-\varepsilon_k}}, \quad k \in \{c, H\}$$

上式的二阶展开式是

$$\int_0^1 (p_{kt}(f) - p_{kt}) \mathrm{d}f = \frac{\varepsilon_k - 1}{2} \int_0^1 (p_{kt}(f) - p_{kt})^2 \mathrm{d}f \tag{B.50}$$

当只进行一阶展开时，$p_{kt} = \int_0^1 p_{kt}(f) \mathrm{d}f$。所以有

$$\ln \Delta_t^k = \ln \left\{ \int_0^1 \exp[-\varepsilon_k (p_{kt}(f) - p_{kt})] \mathrm{d}f \right\}$$

$$= \ln \left[\int_0^1 1 - \varepsilon_k (p_{kt}(f) - p_{kt}) + \frac{\varepsilon_k^2}{2} (p_{kt}(f) - p_{kt})^2 \mathrm{d}f \right]$$

$$\approx \frac{\varepsilon_k}{2}\int_0^1 (p_{kt}(f)-p_{kt})^2 \mathrm{d}f = \frac{\varepsilon_k}{2}\mathrm{var}_f(p_{kt}(f)) \tag{B.51}$$

本国家庭效用函数中劳动负效用部分的二阶展开如下：

① 非耐用消费品部门

$$\Psi L_c\left(l_{ct}+\frac{1}{2}l_{ct}^2\right)$$

$$=\Psi L_c\left\{\left[y_{ct}-a_{ct}+\frac{\varepsilon_c}{2}\mathrm{var}_f(p_{ct}(f))\right]+\frac{1}{2}(y_{ct}-a_{ct})^2\right\}$$

$$=(1-\alpha)y_{ct}+\frac{1}{2}(1-\alpha)(y_{ct}-a_{ct})^2+\frac{(1-\alpha)\varepsilon_c}{2}\mathrm{var}_f(p_{ct}(f)) \tag{B.52}$$

② 耐用消费品部门

$$\Psi L_H^H\left(l_{Ht}^H+\frac{1}{2}l_{Ht}^{H2}\right)$$

$$=\Psi L_H^H\left\{\left[y_{Ht}^H-a_{Ht}+\frac{\varepsilon_H}{2}\mathrm{var}_f(p_{Ht}(f))\right]+\frac{1}{2}(y_{Ht}^H-a_{Ht})^2\right\}$$

$$=\alpha\gamma y_{Ht}^H+\frac{1}{2}\alpha\gamma(y_{Ht}^H-a_{Ht})^2+\frac{\alpha\gamma\varepsilon_H}{2}\mathrm{var}_f(p_{Ht}(f)) \tag{B.53}$$

$$\Psi L_{Ht}^F\left(l_{Ht}^F+\frac{1}{2}l_{Ht}^{F2}\right)$$

$$=\Psi L_H^F\left\{\left[y_{Ht}^F-a_{Ht}+\frac{\varepsilon_H}{2}\mathrm{var}_f(p_{Ht}(f))\right]+(y_{Ht}^F-a_{Ht})^2\right\}$$

$$=\alpha(1-\gamma)y_{Ht}^F+\frac{1}{2}\alpha(1-\gamma)(y_{Ht}^F-a_{Ht})^2+\frac{\alpha(1-\gamma)\varepsilon_H}{2}\mathrm{var}_f(p_{Ht}(f))$$

$$\tag{B.54}$$

本国社会福利函数为

$$W_t-W=(1-\alpha)c_t+\alpha\gamma d_{Ht}+\alpha(1-\gamma)d_{Ft}-$$
$$(1-\alpha)y_{ct}-\alpha\gamma y_{Ht}^H-\alpha(1-\gamma)y_{Ht}^F-$$
$$\frac{1}{2}(1-\alpha)(y_{ct}-a_{ct})^2-\frac{1}{2}\alpha\gamma(y_{Ht}^H-a_{Ht})^2-$$
$$\frac{1}{2}\alpha(1-\gamma)(y_{Ht}^F-a_{Ht})^2-\frac{(1-\alpha)\varepsilon_c}{2}\mathrm{var}_f(p_{ct}(f))-$$

$$\frac{\alpha \varepsilon_H}{2} \mathrm{var}_f(p_{Ht}(f)) - \frac{1}{2} \varepsilon_w^2 \mathrm{var}_h(w_t(h))$$

外国社会福利函数为

$$W_t^* - W = (1-\alpha)c_t + \alpha\gamma d_{Ft}^* + \alpha(1-\gamma)d_{Ht}^* -$$

$$(1-\alpha)y_{ct}^* - \alpha\gamma y_{Ft}^F - \alpha(1-\gamma)y_{Ft}^H -$$

$$\frac{1}{2}(1-\alpha)(y_{ct}^* - a_{ct}^*)^2 - \frac{1}{2}\alpha\gamma(y_{Ft}^F - a_{Ft})^2 -$$

$$\frac{1}{2}\alpha(1-\gamma)(y_{Ft}^H - a_{Ft})^2 - \frac{(1-\alpha)\varepsilon_c}{2}\mathrm{var}_f(p_{ct}^*(f)) -$$

$$\frac{\alpha\varepsilon_H}{2}\mathrm{var}_f(p_{Ft}^*(f)) - \frac{1}{2}\varepsilon_w^2\mathrm{var}_h(w_t^*(h)) \qquad (\mathrm{B.55})$$

世界社会福利函数为

$$(W_t + W_t^*) - (W + W^*) = \alpha\gamma\big[(d_{Ft}^* - y_{Ft}^F) + (d_{Ht} - y_{Ht}^H)\big] +$$

$$\alpha(1-\gamma)\big[(d_{Ft} - y_{Ft}^H) + (d_{Ht}^* - y_{Ht}^F)\big] -$$

$$\frac{1}{2}(1-\alpha)\big[(\hat{y}_{ct})^2 + (\hat{y}_{ct}^*)^2\big] -$$

$$\frac{1}{2}\alpha\gamma\big[(y_{Ht}^H - a_{Ht})^2 + (y_{Ft}^F - a_{Ft})^2\big] -$$

$$\frac{1}{2}\alpha(1-\gamma)\big[(y_{Ft}^H - a_{Ft})^2 + (y_{Ht}^F - a_{Ht})^2\big] -$$

$$\frac{(1-\alpha)\varepsilon_c}{2}\big[\mathrm{var}_f(p_{ct}(f)) + \mathrm{var}_f(p_{ct}^*(f))\big] -$$

$$\frac{\alpha\varepsilon_H}{2}\big[\mathrm{var}_f(p_{Ht}(f)) + \mathrm{var}_f(p_{Ft}^*(f))\big] -$$

$$\frac{1}{2}\varepsilon_w^2\big[\mathrm{var}_h(w_t(h)) + \mathrm{var}_h(w_t^*(h))\big]$$

$$(\mathrm{B.56})$$

由于家庭的耐用消费品存量的运动方程为

$$D_{Ht} = (1-\delta)D_{Ht-1} + Y_{Ht}^H \qquad (\mathrm{B.57})$$

分别令 $X_t = \ln D_{Ht}$，$Z_t = \ln Y_{Ht}^H$，对两侧取对数，得 $X_t = \ln[(1-\delta)\mathrm{e}^{X_{t-1}} +$

e^{Z_t}]，二阶逼近近似得到：

$$d_{Ht} = (1-\delta)d_{Ht-1} + \delta Y_{Ht}^H + \xi_{Ht}^H \tag{B.58}$$

其中，$\xi_{Ht}^H = \dfrac{\delta(1-\delta)}{2}(d_{ht-1} - y_{Ht}^H)^2$。对本国家庭持有的外国耐用消费品 D_{Ft}、外国家庭持有的本国耐用消费品 D_{Ht}^* 和外国耐用消费品 D_{Ft}^* 有类似的结论。

$$
\begin{aligned}
\sum_{t=0}^{\infty} \beta^t d_{Ht} &= d_{H0} + \sum_{t=1}^{\infty} \beta^t d_{Ht} \\
&= d_{H0} + \sum_{t=0}^{\infty} \beta^t [(1-\delta)d_{Ht} + \delta y_{Ht+1}^H + \xi_{Ht}^H] \\
&= \frac{d_{H0} - \delta y_{H0}^H}{1-\beta(1-\delta)} + \frac{\beta\delta}{1-\beta(1-\delta)} \sum_{t=0}^{\infty} \beta^t y_{Ht}^H + \\
&\quad \frac{\beta}{1-\beta(1-\delta)} \sum_{t=0}^{\infty} \beta^t \xi_{Ht}^H
\end{aligned} \tag{B.59}
$$

所以有

$$
\begin{aligned}
\sum_{t=0}^{\infty} \beta^t (d_{Ht} - y_{Ht}^H) &= \frac{d_{H0}}{1-\beta(1-\delta)} + \frac{\beta\delta}{1-\beta(1-\delta)} \sum_{t=0}^{\infty} \beta^t y_{Ht}^H + \\
&\quad \frac{\beta}{1-\beta(1-\delta)} \sum_{t=0}^{\infty} \beta^t \xi_{Ht}^H - \sum_{t=0}^{\infty} \beta^t y_{Ht}^H \\
&= \frac{d_{H0} - \delta y_{H0}^H}{1-\beta(1-\delta)} + \left[\frac{\beta\delta}{1-\beta(1-\delta)} - 1\right] \sum_{t=0}^{\infty} \beta^t y_{Ht}^H + \\
&\quad \frac{\beta}{1-\beta(1-\delta)} \sum_{t=0}^{\infty} \beta^t \xi_{Ht}^H \\
&= \frac{d_{H0} - \delta y_{H0}^H}{1-\beta(1-\delta)} + \frac{\beta}{1-\beta(1-\delta)} \sum_{t=0}^{\infty} \beta^t \xi_{Ht}^H
\end{aligned} \tag{B.60}
$$

根据 Erceg 等（2006）的系统可知：

$$\frac{\beta\alpha\gamma}{[1-\beta(1-\delta)]D_H} = \frac{\Psi L_H^H}{Y_H^H} \tag{B.61}$$

即在稳态时，耐用消费品在各期提供的效用等于家庭的边际替代率和劳动边际产品之比。因此有

$$\sum_{t=0}^{\infty}\beta^t\hat{W}_t = \begin{bmatrix} \dfrac{d_{H0}-\delta y_{H0}^{H}}{1-\beta(1-\delta)}+ \\[3mm] \dfrac{d_{F0}-\delta y_{F0}^{H}}{1-\beta(1-\delta)}+ \\[3mm] \dfrac{d_{H0}^{*}-\delta y_{H0}^{F}}{1-\beta(1-\delta)}+ \\[3mm] \dfrac{d_{F0}^{*}-\delta y_{F0}^{F}}{1-\beta(1-\delta)} \end{bmatrix} +$$

$$\sum_{t=0}^{\infty}\beta^t \left\{ \begin{aligned} & \frac{\beta\alpha\gamma}{1-\beta(1-\delta)}(\xi_{Ht}^{H}+\xi_{Ft}^{F})+\frac{\beta\alpha(1-\gamma)}{1-\beta(1-\delta)}(\xi_{Ft}^{H}+\xi_{Ht}^{F})- \\[2mm] & \frac{1}{2}\alpha\gamma\big[(y_{Ht}^{H}-a_{Ht})^2+(y_{Ft}^{F}-a_{Ft})^2\big]-\frac{1}{2}(1-\alpha)\,\hat{y}_{ct}^{*\,2}- \\[2mm] & \frac{1}{2}\alpha(1-\gamma)\big[(y_{Ft}^{F}-a_{Ft})^2+(y_{Ht}^{F}-a_{Ht})^2\big]-\frac{1}{2}(1-\alpha)\,\hat{y}_{ct}^{2}- \\[2mm] & \frac{(1-\alpha)\varepsilon_c}{2}\big[\mathrm{var}_f(p_{ct}(f))+\mathrm{var}_f(p_{ct}^{*}(f))\big]- \\[2mm] & \frac{\alpha\varepsilon_H}{2}\big[\mathrm{var}_f(p_{Ht}(f))+\mathrm{var}_f(p_{Ft}^{*}(f))\big]- \\[2mm] & \frac{1}{2}\varepsilon_w^{2}\big[\mathrm{var}_h(w_t(h))+\mathrm{var}_h(w_t^{*}(h))\big] \end{aligned} \right\}$$

（B.62）

其中，$\hat{W}_t=(W_t+W_t^{*})-(W+W^{*})$ 表示 t 期两国的社会福利函数，假设在第 0 期时，经济处于确定性稳态。因此，在灵活价格与灵活工资的条件下，能够得到同样的世界福利水平，将二者相减，得到黏性经济中，世界福利水平相对其自然率水平的损失，并将其表示为世界稳态消费水平的百分比。

$$L = \sum_{t=0}^{\infty} \beta^t \left\{ \begin{array}{l} \dfrac{\beta\alpha\gamma}{1-\beta(1-\delta)}\left[(\xi_{Ht}^H - \xi_{Ht}^{Hn}) + (\xi_{Ft}^F - \xi_{Ft}^{Fn})\right] + \\[2mm] \dfrac{\beta\alpha(1-\gamma)}{1-\beta(1-\delta)}\left[(\xi_{Ft}^H - \xi_{Ft}^{Hn}) + (\xi_{Ht}^F - \xi_{Ht}^{Fn})\right] - \\[2mm] \dfrac{1}{2}\alpha\gamma\left[(y_{Ht}^H - a_{Ht})^2 - (y_{Ht}^{Hn} - a_{Ht})^2 + (y_{Ft}^F - a_{Ft})^2 - (y_{Ft}^{Fn} - a_{Ft})^2\right] - \\[2mm] \dfrac{1}{2}\alpha(1-\gamma)\left[(y_{Ft}^H - a_{Ft})^2 - (y_{Ft}^{Hn} - a_{Ft})^2 + (y_{Ht}^F - a_{Ht})^2 - (y_{Ht}^{Fn} - a_{Ht})^2\right] - \\[2mm] \dfrac{(1-\alpha)\varepsilon_c}{2}\left[\mathrm{var}_f(p_{ct}(f)) + \mathrm{var}_f(p_{ct}^*(f))\right] - \dfrac{1}{2}(1-\alpha)(\hat{y}_{ct}^{*2} + \hat{y}_{ct}^2) - \\[2mm] \dfrac{\alpha\varepsilon_H}{2}\left[\mathrm{var}_f(p_{Ht}(f)) + \mathrm{var}_f(p_{Ft}^*(f))\right] - \\[2mm] \dfrac{1}{2}\varepsilon_w^2\left[\mathrm{var}_h(w_t(h)) + \mathrm{var}_h(w_t^*(h))\right] \end{array} \right\} \tag{B.63}$$

根据 Woodford（2003）的研究得到：

$$\sum_{t=0}^{\infty} \beta^t \mathrm{var}_i(p_t(i)) = \frac{\theta_i}{(1-\beta\theta_i)(1-\theta)} \sum_{t=0}^{\infty} \beta^t \pi_t^2 \tag{B.64}$$

又因为

$$(y_{kt} - a_{kt})^2 - (y_{kt}^n - a_{kt}) = (y_{kt} - y_{kt}^n)^2 + 2(y_{kt} - y_{kt}^n)l_{kt}^n \tag{B.65}$$

因此，可以将世界福利损失函数表示为家庭耐用消费品存量、耐用消费品产出、非耐用消费品产出、价格通货膨胀和工资通货膨胀的线性二次函数。

$$L = \sum_{t=0}^{\infty} \beta^t \left\{ \begin{array}{l} \dfrac{\beta\alpha\gamma\delta(1-\delta)}{2[1-\beta(1-\delta)]}\left[(\xi_{Ht}^H - \xi_{Ht}^{Hn}) + (\xi_{Ft}^F - \xi_{Ft}^{Fn})\right] + \\[2mm] \dfrac{\beta\alpha(1-\gamma)\delta(1-\delta)}{2[1-\beta(1-\delta)]}\left[(\xi_{Ft}^H - \xi_{Ft}^{Hn}) + (\xi_{Ht}^F - \xi_{Ht}^{Fn})\right] - \\[2mm] \dfrac{1}{2}\alpha\gamma\left[\begin{array}{l}(y_{Ht}^H - y_{Ht}^{Hn})^2 + 2(y_{Ht}^H - y_{Ht}^{Hn})l_{Ht}^{Hn} + \\ (y_{Ft}^F - y_{Ft}^{Fn})^2 + 2(y_{Ft}^F - y_{Ft}^{Fn})l_{Ft}^{Fn}\end{array}\right] - \\[4mm] \dfrac{1}{2}\alpha(1-\gamma)\left[(y_{Ft}^H - y_{Ft}^{Hn})^2 + 2(y_{Ft}^H - y_{Ft}^{Hn})l_{Ft}^{Hn}\right] - \\[2mm] \dfrac{1}{2}\alpha(1-\gamma)\left[(y_{Ht}^F - y_{Ht}^{Fn})^2 + 2(y_{Ht}^F - y_{Ht}^{Fn})l_{Ht}^{Fn}\right] - \\[2mm] \dfrac{(1-\alpha)\varepsilon_c}{2\lambda_c}(\pi_{ct}^2 + \pi_{ct}^{*2}) - \dfrac{1}{2}(1-\alpha)(\hat{y}_{ct}^{*2} + \hat{y}_{ct}^2) - \\[2mm] \dfrac{1}{2}\dfrac{\varepsilon_w^2}{\lambda_w}(\pi_{wt}^2 + \pi_{wt}^{*2}) - \dfrac{\alpha\varepsilon_H}{2\lambda_H}(\pi_{Ht}^2 + \pi_{Ft}^{*2}) \end{array} \right\} \tag{B.66}$$

对世界福利损失取无条件期望，得到各期两国的社会福利函数：

$$
L = \left\{
\begin{array}{l}
\dfrac{\beta\alpha\gamma\delta(1-\delta)}{2[1-\beta(1-\delta)]}
\begin{bmatrix} \operatorname{var}(\xi_{Ht}^{H}) - \operatorname{var}(\xi_{Ht}^{Hn}) + \\ \operatorname{var}(\xi_{Ft}^{F}) - \operatorname{var}(\xi_{Ft}^{Fn}) \end{bmatrix} + \\[3ex]
\dfrac{\beta\alpha(1-\gamma)\delta(1-\delta)}{2[1-\beta(1-\delta)]}
\begin{bmatrix} \operatorname{var}(\xi_{Ft}^{H}) - \operatorname{var}(\xi_{Ft}^{Hn}) + \\ \operatorname{var}(\xi_{Ht}^{F}) - \operatorname{var}(\xi_{Ht}^{Fn}) \end{bmatrix} - \\[3ex]
\dfrac{1}{2}\alpha\gamma
\begin{bmatrix} \operatorname{var}(y_{Ht}^{H} - y_{Ht}^{Hn})^{2} - 2\operatorname{cov}(y_{Ht}^{H} - y_{Ht}^{Hn}, l_{Ht}^{Hn}) + \\ \operatorname{var}(y_{Ft}^{F} - y_{Ft}^{Fn}) - 2\operatorname{cov}(y_{Ft}^{F} - y_{Ft}^{Fn}, l_{Ft}^{Fn}) \end{bmatrix} - \\[3ex]
\dfrac{1}{2}\alpha(1-\gamma)\left[\operatorname{var}(y_{Ft}^{H} - y_{Ft}^{Hn})^{2} - 2\operatorname{cov}(y_{Ft}^{F} - y_{Ft}^{Fn}, l_{Ft}^{Fn}) \right] - \\[3ex]
\dfrac{1}{2}(1-\alpha)\left[\operatorname{var}(\hat{y}_{ct}^{*}) + \operatorname{var}(\hat{y}_{ct}) \right] - \\[3ex]
\dfrac{1}{2}\alpha(1-\gamma)\left[\operatorname{var}(y_{Ht}^{F} - y_{Ht}^{Fn}) - 2\operatorname{cov}(y_{Ht}^{F} - y_{Ht}^{Fn}, l_{Ht}^{Fn}) \right] - \\[3ex]
\dfrac{(1-\alpha)\varepsilon_{c}}{2\lambda_{c}}\left[\operatorname{var}(\pi_{ct}) + \operatorname{var}(\pi_{ct}^{*}) \right] - \\[3ex]
\dfrac{1}{2}\dfrac{\varepsilon_{w}}{\lambda_{w}}^{2}\left[\operatorname{var}(\pi_{wt}) + \operatorname{var}(\pi_{wt}^{*}) \right] - \dfrac{\alpha\varepsilon_{H}}{2\lambda_{H}}\left[\operatorname{var}(\pi_{Ht}) + \operatorname{var}(\pi_{Ht}^{*}) \right]
\end{array}
\right\}
$$

$$\text{(B.67)}$$